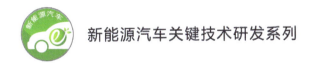

新能源汽车关键技术研发系列

新能源汽车
制动能量回收技术

Regenerative Braking Technologies in
Electric Vehicles

初亮 姚亮 许炎武 著

机械工业出版社
CHINA MACHINE PRESS

《新能源汽车制动能量回收技术》系统总结了作者团队多年来积累的技术研究成果和工程实践经验，对制动能量回收系统硬件及其应用软件技术进行了系统论述，为实现新能源汽车制动能量回收系统自主创新提供了参考和帮助；书中提炼的理论、方法和技术，不仅适用于新能源汽车制动能量回收系统，也是智能汽车线控制动系统共性技术研究的基础。

本书的主要内容包括制动能量回收技术概述、制动能量回收系统方案、制动执行部件机理分析、制动能量回收能力计算与制动意图识别算法、制动力分配与稳定性协调控制算法、制动压力控制算法、电机制动控制算法，以及制动能量回收技术测试评价方法。特别需要说明的是，本书提出的系统架构、控制策略、控制算法等基本理论、方法和技术，不仅可以用于制动能量回收系统的开发，对防抱死制动系统、车身稳定性控制系统以及线控制动系统的开发也具有重要的参考价值。

本书适合新能源汽车、传统燃油汽车工程技术人员参考阅读。

图书在版编目（CIP）数据

新能源汽车制动能量回收技术/初亮，姚亮，许炎武著. —北京：机械工业出版社，2023.5（2025.1重印）
（新能源汽车关键技术研发系列）
ISBN 978-7-111-72905-1

Ⅰ.①新… Ⅱ.①初… ②姚… ③许… Ⅲ.①新能源-汽车-车辆制动-能量-研究 Ⅳ.①U469.7

中国国家版本馆 CIP 数据核字（2023）第 054968 号

机械工业出版社（北京市百万庄大街22号 邮政编码100037）
策划编辑：母云红　　　　　　责任编辑：母云红
责任校对：贾海霞　徐　霆　　封面设计：张　静
责任印制：单爱军
北京虎彩文化传播有限公司印刷
2025年1月第1版第2次印刷
169mm×239mm・11.5 印张・1 插页・235 千字
标准书号：ISBN 978-7-111-72905-1
定价：99.00元

电话服务　　　　　　　　　　网络服务
客服电话：010-88361066　　　机　工　官　网：www.cmpbook.com
　　　　　010-88379833　　　机　工　官　博：weibo.com/cmp1952
　　　　　010-68326294　　　金　书　网：www.golden-book.com
封底无防伪标均为盗版　　　　机工教育服务网：www.cmpedu.com

序

  制造业是国民经济的主体,是立国之本、兴国之器、强国之基。汽车工业因其产业链长,智能化程度高,资金、人才和技术高度密集,成为制造业中举足轻重的标杆产业。我国是汽车大国,在通往汽车强国的道路上,核心技术是制约我国汽车工业由大变强的最大瓶颈。为突破这一瓶颈,我国制定的汽车强国战略将节能与新能源汽车列为亟须发展的重点领域,力求掌握新能源汽车核心技术,构建高效、清洁、低碳、可持续的绿色制造体系。

  制动能量回收系统是集机、电、液于一体的集成式制动控制系统,可利用驱动电机将车辆制动时损耗的能量转化为电能,从而在一定程度上降低整车能耗,同时,精确控制液压制动力以保证良好的制动安全性能。因此,制动能量回收技术既关系新能源汽车的节能效果,又涉及整车的制动安全,是新能源汽车产业发展过程中必须掌握的一项核心技术。

  为了促进我国新能源汽车制动能量回收技术的发展,吉林大学汽车工程学院教授、博士生导师初亮带领团队针对新能源汽车制动能量回收系统的关键技术进行了大量研究和开发,成果显著。《新能源汽车制动能量回收技术》这本专著系统总结了作者团队多年来积累的技术研究成果和工程实践经验,书中提炼的理论、方法和技术,不仅适用于新能源汽车制动能量回收系统,也是智能汽车线控制动系统共性技术研究的基础。

  由于国内制动能量回收相关的理论研究和工程技术开发从 2010 年才正式起步,迄今为止,国内对新能源汽车制动能量回收技术进行系统论述的相关技术专著或教材还比较缺乏,这本专著弥补了这方面的不足。专著的出版不仅对我国新能源汽车技术进步和自主创新具有重要作用,而且对从事制动能量回收系统、防抱死系统、车身稳定性控制系统以及智能汽车线控制动系统相关技术开发的科研人员的培养具有重要的指导意义,因此,其亦可作为汽车专业研究生的参考书。

  相信这本专著的出版,将助力我国汽车产业人才培养,服务节能与新能源汽车国家战略新兴产业,为推动我国汽车技术进步做出重要贡献。

李骏

中国工程院院士
中国汽车工程学会理事长

前 言

新能源汽车（包括纯电动汽车、混合动力电动汽车以及燃料电池电动汽车）是汽车工业实现低碳、低排放的有效路径。相对于传统燃油汽车，新能源汽车除了具备效率高、排放少等优点外，制动时还可利用电机来实现制动能量回收，一定程度上降低了整车的能源消耗。如今新能源汽车越来越受到重视，全世界都在不断加大对新能源汽车技术开发的扶持。加快培育和发展新能源汽车产业，对于缓解能源和环境压力、推动汽车产业转型升级、培育新的经济增长点具有重要意义。

为了促进新能源汽车产业发展，本人带领项目组从"十五"开始对新能源汽车的制动能量回收技术展开研究，与中国第一汽车股份有限公司共同承担了国家973、863及国际科技合作等国家级项目十余项，以及省部级项目十余项，建立了新能源汽车制动能量回收系统的模型在环仿真平台、硬件在环试验平台和整车道路试验平台。在开发过程中发现，关于如何提升制动能量回收效果以及如何在节能性、制动感觉和制动性能三方面取得平衡，目前国内尚无专著进行严谨、综合的探讨，这给从事新能源汽车技术开发的工程师带来很大困难。

鉴于此，在系统总结理论研究成果和工程技术经验的基础上，我们撰写了本书，对制动能量回收系统硬件及其应用软件技术进行了系统的论述，为实现新能源汽车制动能量回收系统自主创新提供参考和帮助。

特别需要说明的是，本书提出的系统架构、控制策略、控制算法等基本理论、方法和技术，不仅可以用于制动能量回收系统的开发，对防抱死系统、车身稳定性控制系统以及线控制动系统的开发也具有重要的参考价值。

在本书的撰写过程中，姚亮、王彦波、张永生、欧阳、蔡健伟、房永、李守卫、高有才、孙成伟、赵迪、高博、邬占、马堃、许炎武、常城、李会超等为制动能量回收系统技术的研究开发做出了重要贡献。中国第一汽车股份有限公司原技术中心主任李骏、原电动车部部长刘明辉及赵子亮、魏文若、杨钫等为此项技术的工程应用创造了非常好的条件，在此特别表示感谢。希望本书的出版能够为我国新能源汽车制动能量回收系统的原始创新、为新能源汽车技术和产业的发展尽微薄之力。

目 录

序
前言

第1章 制动能量回收技术概述 / 001

1.1 背景和意义 / 001
1.2 制动能量回收系统的基本原理 / 003
1.3 制动能量回收系统的评价指标 / 007
1.4 制动能量回收系统的发展历程 / 008
1.5 本书主要内容 / 016
参考文献 / 017

第2章 制动能量回收系统方案 / 019

2.1 制动能量回收系统硬件方案 / 019
    2.1.1 并联制动能量回收系统构型 / 019
    2.1.2 单轴解耦的串联制动能量回收系统构型 / 020
    2.1.3 全解耦的串联制动能量回收系统构型 / 032
    2.1.4 有限全解耦的串联制动能量回收系统构型 / 040
2.2 制动能量回收系统软件方案 / 049
    2.2.1 系统功能架构 / 049
    2.2.2 控制器逻辑架构 / 050
参考文献 / 053

第3章 制动执行部件机理分析 / 054

3.1 踏板感觉模拟器 / 054
3.2 电磁阀 / 056
    3.2.1 线性阀 / 057
    3.2.2 开关阀 / 065
3.3 电机液压泵 / 067
3.4 高压蓄能器 / 069
3.5 电子机械助力装置 / 071

  3.6 低压蓄能器 / 073
  3.7 电动副主缸 / 075
  参考文献 / 076

第 4 章 制动能量回收能力计算与制动意图识别算法 / 078

  4.1 制动能量回收能力计算算法 / 078
  4.2 制动意图识别算法 / 081
    4.2.1 制动状态的识别 / 081
    4.2.2 需求制动力的计算 / 083
  4.3 传感器信号处理与监控 / 090
    4.3.1 传感器信号处理方法 / 090
    4.3.2 传感器信号监控方法 / 095
  参考文献 / 098

第 5 章 制动力分配与稳定性协调控制算法 / 100

  5.1 制动力分配算法 / 100
    5.1.1 制动力分配理论 / 101
    5.1.2 并联制动力分配算法 / 103
    5.1.3 串联制动力分配算法 / 105
  5.2 防抱死协调控制算法 / 114
    5.2.1 防抱死控制理论 / 114
    5.2.2 传统防抱死系统的工作特点 / 116
    5.2.3 防抱死协调控制算法 / 118
  5.3 车身稳定协调控制算法 / 120
    5.3.1 车身稳定控制理论 / 120
    5.3.2 车身稳定协调控制算法 / 120
  参考文献 / 122

第 6 章 制动压力控制算法 / 123

  6.1 压力控制需求 / 123
  6.2 阶梯压力控制算法 / 124
    6.2.1 控制逻辑 / 125
    6.2.2 控制状态的判断 / 126
    6.2.3 状态持续时间的确定 / 127
  6.3 线性压力控制算法 / 130
    6.3.1 控制逻辑 / 131

6.3.2 压力变化率-压差-电流关系确定 / 131

6.3.3 电流-占空比关系确定 / 133

6.4 溢流压力控制算法 / 134

6.5 体积压力控制算法 / 137

6.6 工作特点与适用范围 / 140

6.6.1 工作特点 / 140

6.6.2 适用范围 / 141

参考文献 / 143

第 7 章 电机制动控制算法 / 144

7.1 电机结构及工作原理 / 144

7.1.1 永磁同步电机 / 144

7.1.2 交流异步电机 / 145

7.2 电机矢量控制原理 / 146

7.2.1 坐标变换 / 146

7.2.2 永磁同步电机矢量控制原理 / 148

7.2.3 交流异步电机矢量控制原理 / 149

7.3 电机制动原理 / 150

7.4 电机制动控制算法 / 152

参考文献 / 155

第 8 章 制动能量回收技术测试评价方法 / 156

8.1 试验平台 / 156

8.1.1 硬件在环试验平台 / 156

8.1.2 实车试验平台 / 164

8.2 测试评价案例 / 166

8.2.1 节能性测试 / 166

8.2.2 制动感觉测试 / 168

8.2.3 制动性能测试 / 170

参考文献 / 174

附录 缩略语表 / 175

第1章

制动能量回收技术概述

制动能量回收是新能源汽车最重要的节能措施之一。根据制动器的形式，新能源汽车的制动器有液压和气压两种类型，本书重点阐述装备液压盘式制动器的新能源汽车制动能量回收技术。

1.1 背景和意义

随着科学技术的不断发展，汽车作为一种交通代步工具已经成为人们生活中不可或缺的一部分，与此同时，汽车带来的能源危机和环境污染问题也愈发严重。对于我国来说，虽然能源总量较为可观，但是人均能源占有量远未达到世界平均水平，汽车对燃油的需求很大一部分依赖于进口。根据国家能源局的测算，我国每年新增的石油产量超过70%将用于满足新增汽车的需求。与之相对应的是，我国能源对外依赖度自2015年起就突破了60%，到2050年，预估该数字将高达78.5%[1]。另一方面，汽车在运行过程中会排放大量废气，在造成环境污染的同时还会加剧温室效应。据相关统计，车辆废气中的二氧化碳排放量占到全球排放总量的15.9%，车辆废气中的一氧化碳排放量占到全球排放总量的20%；在部分城区，超过50%的氮氧化合物和超过80%的一氧化碳由汽车废气产生[2]。因此，在车辆上使用可再生的、清洁的能源成为当下汽车行业发展的关键。

为了带动汽车产业转型，使新能源汽车产业化、普及化，我国政府出台了强力的新能源汽车发展政策。2017年9月，工业和信息化部对新能源汽车推行并行积分管理，正式设立了新能源汽车积分比例要求；同年10月，党的十九大报告中明确指出，要建立健全绿色低碳循环发展的经济体系；2018年3月27日，工业和信息化部出台《2018年新能源汽车标准化工作要点》，在整车、充电基础设施、优化标准体系等领域提出了总体目标[3]。2020年10月，国务院发布《新能源汽车产业发展规划（2021—2035年）》提出，到2025年，我国新能源汽车市场竞争力明显增强，新车销售量达到汽车新车销售总量的20%左右；到2035年，我国新能源汽车核心技术达到国际先进水平，质量品牌具备较强国际竞争力。2021年3月5日，我国首次将"碳达峰、碳中和"写入政府工作报告，承诺二氧化碳排放量在2030年前达到峰值，在2060年前实现二氧化碳零排放。为了支撑碳达峰、碳中和目标的实现，工业和信息化部、农业农村部、商务部、国家能源局联合组织开展了新一轮新能源汽车下乡活动，促进了新能源汽车在农村地区的推广应用。

由此可以看出，新能源汽车如今已成为我国重点发展的科技产业。而制动能量回收作为新能源汽车的主要节能手段，自然也是研究的重点。在整车制动时，制动能量回收系统利用电机的发电作用向车轮提供制动力矩，可将制动时消耗的能量转化为电能存储起来，延长整车续驶里程并提高能量利用率。

如图1.1所示，汽车在各工况（NEDC、WLTC、UDDS⊖）行驶时，制动消耗的能量均占整车总驱动能量的60%以上，如果将这些能量有效回收，新能源汽车的续驶里程将大幅提升。以某款纯电动汽车为例，在制动能量回收技术的支持下，其在各工况下的续驶里程贡献率均在15%以上，各工况的续驶里程数据见表1.1。

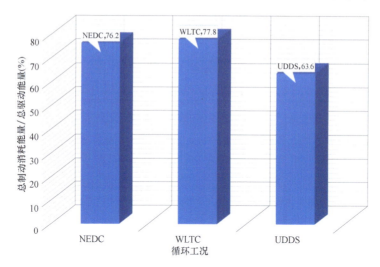

图1.1 各工况总制动消耗能量占总驱动能量的比例

表1.1 各工况续驶里程

循环工况	无能量回收续驶里程/km	有能量回收续驶里程/km	续驶里程贡献率(%)
NEDC	256.32	299.23	16.7
WLTC	220.71	259.04	17.3
UDDS	243.67	280.39	15.1

⊖ 本书缩略语解释参见附录缩略语表。

除了提高整车节能效果外，电机制动的参与还有利于减小制动盘和摩擦片的损耗，相比传统液压制动系统，制动能量回收系统可大幅提高汽车制动盘和摩擦片的使用寿命。此外，当制动能量回收与智能驾驶相结合时，由于制动能量回收技术引入了电机制动，电机的快速响应特性使新能源汽车具有更快的制动响应速率，一旦出现紧急制动工况，更快的制动响应将有效改善整车制动安全性。

综上所述，新能源汽车制动能量回收技术可有效提升新能源汽车的整车经济性和安全性，具有显著的经济、安全、环境与社会效益。

1.2 制动能量回收系统的基本原理

制动能量回收系统是由传统制动系统发展而来的，二者的首要功能均为确保行驶中的汽车按照驾驶员的要求进行强制减速甚至停车。因此，在认识制动能量回收系统前，首先要理解传统制动系统的工作原理。

图 1.2 所示为传统液压盘式制动系统的结构和工作原理。传统制动系统包含制动踏板、真空助力器、制动主缸、储液罐、液压调节单元和制动器，制动器又包含制动盘、活塞、摩擦片等部件。

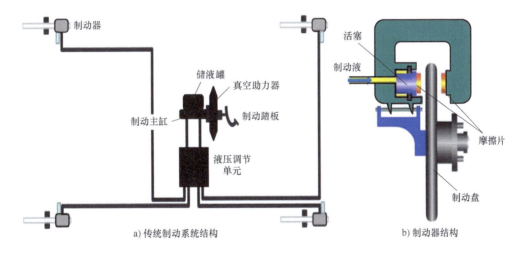

图 1.2 传统液压盘式制动系统的结构和工作原理

当驾驶员踩下制动踏板后，真空助力器将制动踏板的输入力放大，推动主缸活塞运动，主缸活塞压缩来自储液罐的制动液，制动液经过液压调节单元流入四个车轮的制动器中，并推动制动器活塞和摩擦片运动，最终由制动器摩擦片与旋转的制动盘接触，通过摩擦片与制动盘之间的相互摩擦来阻止车轮的旋转运动，并将汽车的动能转化为摩擦副的热能耗散在大气中[4]。

根据液压管路的布置形式，传统汽车制动系统主要有一轴对一轴型（简称

Ⅱ型)和交叉型(简称X型)两种。如图1.3所示,Ⅱ型制动的主缸前出液口与前轴两侧制动器以液压管路相连,主缸后出液口与后轴两侧制动器相连。这种布置形式最为简单,且制动稳定好;其缺点是当一套液压管路失效时,汽车有一轴完全丧失制动力,由于前后轴制动力并非按等比例分配,因此一轴失效后的制动效能将明显大于或小于常规状态的50%。X型布置则将前后轴对角线方向上的两个制动器共用一套液压管路,在任何一套管路失效时,剩余的总制动力都能保持在常规状态的50%,且前后轴的制动力分配比值保持不变,保证了制动时与整车负荷的适应性。然而这种型式,在一套管路失效后,前后轴产生的制动力并不对称,导致前轮向制动起作用车轮的一侧绕主销转动,容易使汽车失去方向稳定性。

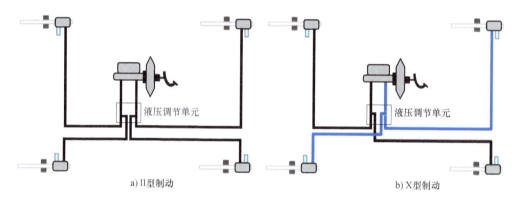

a) Ⅱ型制动　　　　　　　　　b) X型制动

图1.3　传统汽车制动系统的分类

综上所述,传统制动系统不论结构和管路布置形式如何,制动力均来自液压制动系统。相比之下,新能源汽车制动能量回收系统的制动力不仅来自液压制动系统,还来自再生制动系统,即制动能量回收系统由液压制动系统和再生制动系统两部分组成[5-6]。

图1.4所示为制动能量回收系统的工作原理。整车制动时,在液压制动系统向车轮提供制动力矩的同时,驱动电机进入发电状态,也向车轮提供制动力矩,将汽车制动过程中损失在摩擦制动器上的一部分热能,通过电机的发电作用转换为电能向动力蓄电池充电。这种由驱动电机作为发电机向车轮提供制动力的模式又称为电机再生制动。然而电机参与制动会对整车的其他性能产生影响,比如影响前后轴制动力的分配关系、制动强度的一致性、制动踏板感觉、制动防抱死功能等,因此,新能源汽车制动能量回收系统就是要在尽可能多地回收制动能量的同时保证整车的其他性能[7-8]。

新能源汽车制动能量回收系统基本可分为两类:一类是并联系统,其硬件结构简单,在保持传统的液压制动系统不变的基础上,叠加电机再生制动,两种制动互不影响;另一类是串联系统,串联系统通过独立调节前后轮的液压制动力,使得液

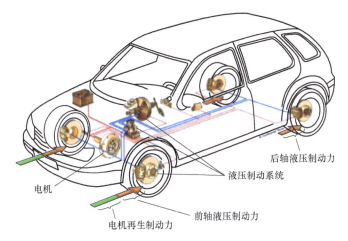

图 1.4 制动能量回收系统的工作原理

压制动力和电机制动力根据总制动需求协调输出，保证制动效能。下面以驱动电机前置前轴驱动车型为例，分别对并联和串联两种制动能量回收系统进行分析介绍。

并联系统的典型硬件构型如图 1.5 所示。当驾驶员踩下制动踏板到某个开度时，液压制动系统工作，使前后轴产生液压制动力；同时踏板位移传感器将踏板开度信号转换为电信号输入控制器，控制器中的制动能量回收模块依据踏板开度信号确定电机制动力，并向电机发出指令产生相应制动力，回收一部分制动能量并转化为电能储存在动力蓄电池中。任一时刻电机回收制动能量的多少由该时刻电机制动功率决定，电机制动功率越大，意味着电机回收的制动能量越多。这种系统相当于液压制动和电机再生制动并联工作，因此称为并联系统。

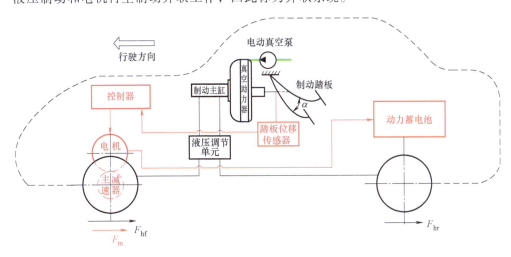

图 1.5 并联系统的典型硬件构型

F_{hf}—前轴液压制动力　F_{hr}—后轴液压制动力　F_m—电机制动力

并联系统在能量回收时,液压制动与电机制动是相互独立的,即在原始液压制动的基础上叠加电机再生制动。由于电机回收能力时刻在变化,即使踏板开度相同,汽车的制动减速度也可能发生变化。基于上述原因,并联系统的电机制动力不宜设置得过大,过大会导致并联系统不能充分发挥电机的制动能力,导致回收的制动能量极为有限,这部分内容在本书第 5 章还会有详细分析。

为了保证驾驶员的制动感觉及驾驶舒适性,同时尽量发挥电机的再生制动能力,需要在驾驶员踩下制动踏板到某个开度时,让前轴电机首先提供其最大再生制动力,不足部分由液压制动力补偿。

为了实现上述功能,本书在第 2 章给出了五种硬件构型方案。以其中一种单轴解耦构型为例,其需要在传统液压制动系统的主缸前腔与液压调节单元之间增设踏板感觉模拟器,工作原理如图 1.6 所示。当驾驶员踩下制动踏板推动制动主缸活塞时,主缸后腔仍直接将制动液输入后轴轮缸,但主缸前腔输入到前轴轮缸的制动液量需要根据此刻前轴的需求制动力进行调节。当前轴需求制动力可全部由电机再生制动力提供时,前轴制动轮缸不需要制动液,此时该构型通过踏板感觉模拟器切断主缸前腔与前轴轮缸间的液压回路,前轴轮缸与主缸实现解耦,制动踏板力推动主缸前腔所排出的制动液全部流入踏板感觉模拟器;当前轴电机再生制动力无法满足全部前轴制动力需求时,需要进行液压制动力补偿,此时主缸前腔将所需补偿的制动液通过液压调节单元输入到前轴制动轮缸,而其余部分仍然流入踏板感觉模拟器。踏板感觉模拟器的作用就是在制动时容纳主缸前腔排出的制动液,同时在常规制动过程中模拟驾驶员的踏板感觉。

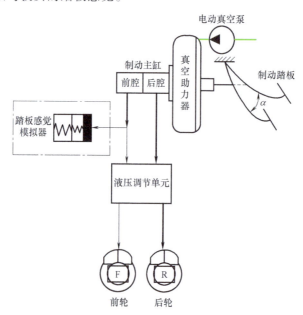

图 1.6 增设踏板感觉模拟器的液压制动系统工作原理

这种能独立调节前后轮液压制动力，使液压制动力和电机制动力根据总制动需求协调输出，并且能回收更多制动能量的制动能量回收系统即为串联系统。

串联系统的硬件构型如图 1.7 所示。驾驶员踩下制动踏板到某个开度，液压制动系统工作，使后轴产生液压制动力，同时踏板位移传感器将踏板开度信号转换为电信号输入控制器，控制器根据输入开度信号获得前轴制动需求，计算出此时前轴电机所能提供的制动力以及液压制动系统所需补偿的制动力，并向电机与液压制动系统发出指令，控制电机和液压制动系统产生所需制动力。

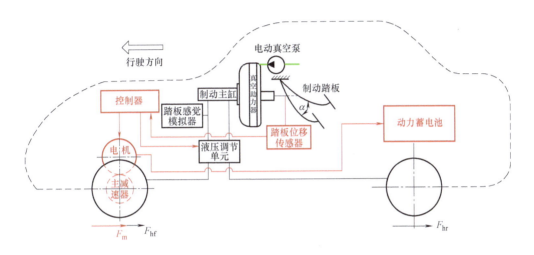

图 1.7　串联系统的硬件构型

F_{hf}—前轴液压制动力　F_{hr}—后轴液压制动力　F_m—电机制动力

串联制动能量回收系统可实现电机与液压制动力的协调控制，可以在保证驾驶员制动感觉及驾驶舒适性的前提下，充分发挥电机的制动能力，提高能量回收效果。此外，对于采用不同的硬件实现形式以及控制算法的串联系统，能量回收效果也不尽相同，这部分内容会在后面章节进行详细分析。

1.3　制动能量回收系统的评价指标

传统汽车在制动过程中，由驾驶员、液压制动系统、车辆和道路工况构成闭环人机系统[9]。如图 1.8 所示，驾驶员根据道路工况操纵制动系统，使车辆产生制动力，伴随车辆减速状态和道路工况的反馈，驾驶员决定对制动系统进行相应控制，同时制动系统也会给驾驶员以脚感上的反馈。

新能源汽车在制动过程中，因电机参与制动，改变了传统汽车的人-车闭环系统，如图 1.9 所示，车辆的制动力并不完全由液压制动系统提供，电机再生制动力也会使车辆减速，因此需要对液压制动力和电机再生制动力进行协调控制，既要实现制动能量回收最大化目标，又要保证整车的制动性能，且不影响原有的驾驶员操纵制动系统时的感觉和习惯。

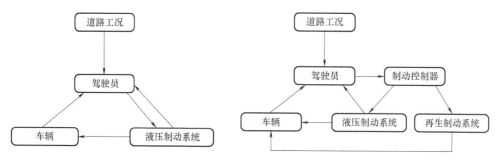

图 1.8　传统汽车人-车闭环系统　　　　图 1.9　新能源汽车人-车闭环系统

因此，对于制动能量回收系统来说，需综合考虑实现以下三个目标。

1）制动性能目标：保证制动效能的充分发挥，不影响制动安全性。

2）节能目标：实现制动能量回收的最大化，尽可能提高节能效果。

3）制动感觉目标：制动踏板反馈和车辆减速状态与传统制动系统一致，不影响原有的驾驶员操纵制动系统时的感觉和习惯。

针对新能源汽车制动能量回收系统的三项技术目标，可从制动性能、节能性和制动感觉三个方面评价新能源汽车制动能量回收系统的实施效果。这三个评价指标之间存在相关性和矛盾性，比如，为了提高节能性，对系统做出的改进必然会影响制动感觉指标和制动性能指标。具体到如何根据评价指标来量化制动能量回收系统的实施效果，本书将在第 8 章以实例的形式进行分析阐述。

制动能量回收系统的发展历程

对于制动能量回收系统的开发，国内外各高校、科研机构以及各大汽车企业均开展了大量研究工作，下面对制动能量回收系统的发展历程进行回顾，并研判其技术发展趋势。

制动能量回收系统应在保证制动安全性和制动感觉的前提下尽可能多地回收制动能量。为了实现上述目标，制动能量回收系统需要实现轮缸压力的独立可控，同时保证踏板感觉与传统制动系统一致。目前，最早出现也是发展最为成熟的方案是上文介绍的并联系统，这种系统在传统真空助力制动系统的基础上增加了电动真空泵，具有结构简单和技术成熟的优点。在电动真空泵的驱动下，该系统可以产生充足的制动力，并具有简单的能量回收和防抱死功能。然而，这种制动系统仅能实现电机制动力与液压制动力的简单叠加，能量回收效果较差；同时，电机制动力波动带来的制动感觉变化会给驾驶员带来不安全的主观印象，因此，该系统适用于较为低端且成本控制较为严格的车型[10]。

针对并联系统节能性差的问题，串联制动能量回收系统应运而生。最初的串联系统在制动系统硬件部分依然以电动真空泵为操纵机构，但改进了液压调节单元，可将操纵机构和单轴制动轮缸完全解耦，所谓"解耦"即是切断制动主缸和制动轮缸之间液压回路的过程。这类系统的典型例子有博世 ESP-hev（即混合动力电动汽车电子稳定性控制系统，如图 1.10 所示○），该系统最先应用于奔驰 S400 混合动力电动汽车上，可实现电机制动力与单轴液压制动力的协调控制，较并联系统提高了节能性，但由于该系统仅依靠一轴提供制动感觉，其制动感觉依然存在与传统制动系统不一致的问题[11]。为改善单轴解耦系统的制动感觉，不少厂商与研究机构在单轴解耦系统制动硬件的基础上增加了踏板感觉模拟器，典型例子如吉林大学的 RBS（图 1.11），其通过踏板感觉模拟器实现单轴解耦，踏板感觉由踏板感觉模拟器和非解耦轴共同提供，与传统汽车一致[12]。

单轴解耦系统只能实现电机制动力与单轴液压制动力的协调控制，节能性一般。为进一步提升节能效果，也有厂商在单轴解耦系统制动硬件的基础上，利用踏板感觉模拟器实现了双轴全解耦，典型例子有博世的 PCA（即压力控制驱动器，如图 1.12 所示）和天合汽车集团（TRW）的 ESC-R（图 1.13）[13]。相比单轴解耦系统，全解耦系统解耦程度更高，可实现电机制动力与双轴液压制动力的协调控制；其不足之处在于系统过于复杂，不便于布置，同时全解耦系统对液压调节单元的性能要求过高，长时间增压会造成液压调节单元严重发热，为保证系统工作寿命，该系统不能长时间工作。

上述传统全解耦系统依然是以真空助力器为基础改进而来的过渡方案，由于新能源汽车不再具备稳定的真空源，继续使用内燃机车辆广泛采用的真空助力器只会增加系统的复杂度和成本，因此，在新能源汽车产业高速发展的大背景下，制动能量回收系统正向着无真空全电动化的全解耦系统发展。

在全电动化进程中，全解耦制动系统主要出现了三个技术分支。

第一个分支为电子液压制动系统，这种制动系统的硬件部分采用无助力式制动主缸作为操纵机构，采用高压蓄能器作为压力源，通过踏板感觉模拟器进行踏板感觉模拟，通过液压调节单元对轮缸的制动压力进行调节。电子液压制动系统具有集成度高、功能全面、使用体验好等优点，但其结构复杂、造价高昂、体积庞大，而且由于采用了高压蓄能器，存在一定的安全隐患。典型的电子液压制动系统有博世 SBC（图 1.14）、丰田 ECB（图 1.15）等[14-16]，其中，SBC 是最早的电子液压制动系统，已在奔驰 SL、奔驰 E 等车型上成功应用；丰田 ECB 是目前应用范围最广的电子液压制动系统，包括丰田普锐斯、凯美瑞混合动力等车型都在使用该系统。

○ 本章各系统结构图均来源于公开资料，由于篇幅有限，图中符号具体含义请读者参考该公司公开资料。

新能源汽车制动能量回收技术

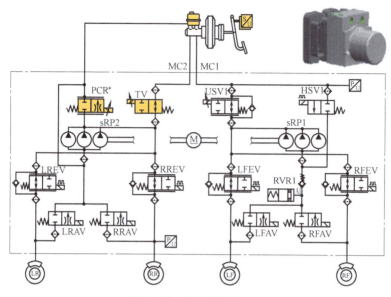

图 1.10　博世 ESP-hev

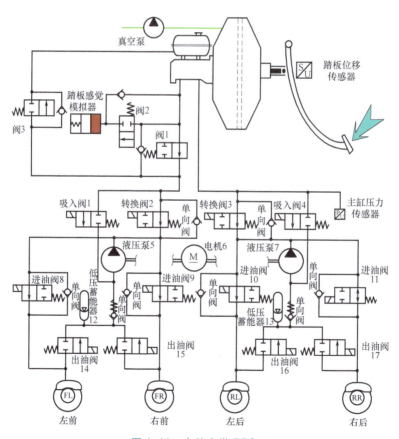

图 1.11　吉林大学 RBS

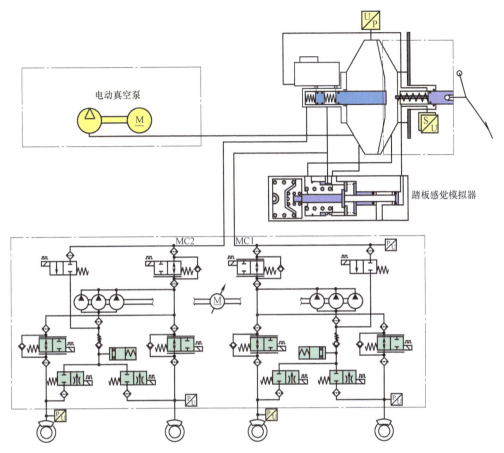

图 1.12 博世 PCA

MC1—制动主缸前腔回路　MC2—制动主缸后腔回路

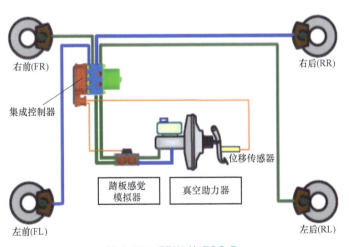

图 1.13 TRW 的 ESC-R

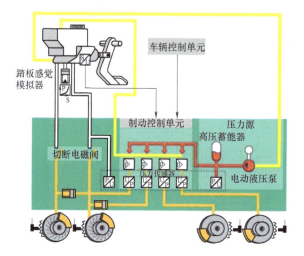

图 1.14 博世 SBC

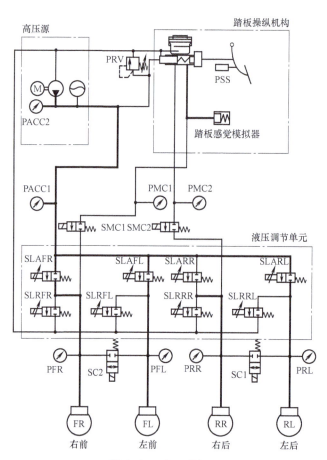

图 1.15 丰田 ECB

第二个分支为电动副主缸制动系统，这类系统的工作原理与电子液压制动系统类似，其同样包含无助力式制动主缸和踏板感觉模拟器，但压力源调整为由电机直接驱动的副主缸。除了电动副主缸外，该系统还有另一个备份主缸。系统工作时，电动副主缸负责调节制动轮缸的压力，电动副主缸失效后，备份主缸与制动轮缸相连，此时驾驶员操纵备份主缸提供制动力。典型的电动副主缸式制动系统包括本田 ESB（图 1.16）、博世 IPB（图 1.17）、大陆 MK C1（图 1.18）等[17-19]，其中本田 ESB 应用于雅阁混合动力、CR-V 混合动力等车型，博世 IPB 应用于比亚迪唐、汉等车型，MKC1 应用于阿尔法·罗密欧 Giulia 等车型。

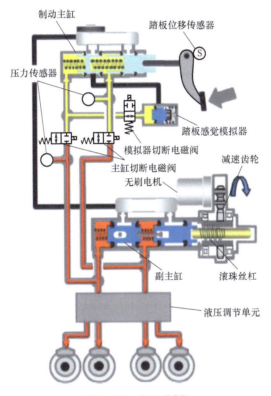

图 1.16 本田 ESB

第三个分支为电动助力制动系统，目前典型的电动助力制动系统有博世的 iBooster（图 1.19）、上海汇众的 Ebooster（图 1.20）等。这类系统与电子液压和电动副主缸式制动系统差异较大，是一种特殊的全解耦系统，其由助力电机和人力共同推动主缸活塞，可以在不改变踏板感觉的情况下实现主缸压力的调节，故该系统无须踏板感觉模拟器便能实现解耦。但由于工作原理的限制，这类装置的解耦能力有限，只能在较低的制动强度范围内实现全解耦，因此其并不能称作完全意义上的全解耦系统，本书将其归为有限全解耦系统。为了实现更大范围的解耦和协调能量回收，电动助力制动系统通常搭配 ESC 液压调节单元一同使用[20-21]。

新能源汽车制动能量回收技术

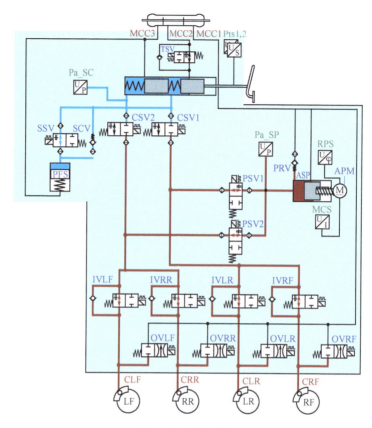

图 1.17 博世 IPB

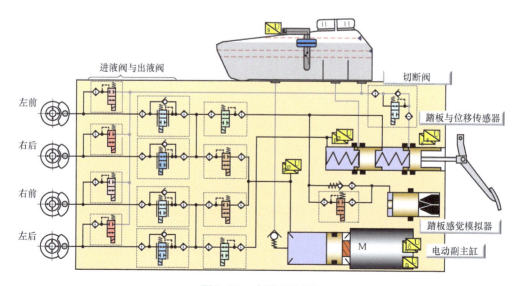

图 1.18 大陆 MK C1

第1章 制动能量回收技术概述

图 1.19 博世 iBooster

图 1.20 上海汇众 Ebooster

在全电动化全解耦制动系统后，近年来又出现了电子机械制动系统，这种制动系统完全取消了液压管路，而是由机电系统代替液压回路。图 1.21 所示为典型电子机械制动系统的结构示意图，其执行器包含驱动电机、运动转换机构（行星轮、减速齿轮等）和制动器（制动盘、摩擦片等）三部分。系统工作时，运动转换机构将驱动电机的旋转运动转化为制动器活塞的直线运动，最终由活塞带动摩擦片压缩制动盘产生制动力。相比全解耦液压系统，电子机械制动系统的制动响应更快，同时具有安装方便、布局灵活等优点。然而，由于电子机械制动系统的成本高昂、体积较大，其量产应用还很遥远。

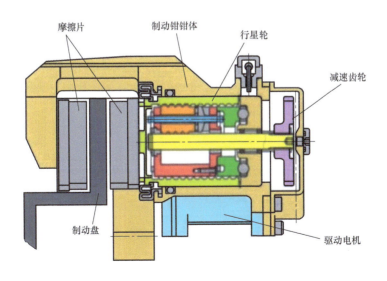

图 1.21 电子机械制动系统结构示意图[22]

综上所述，制动能量回收系统的发展路线可总结为如图 1.22 所示的过程。最初制动能量回收系统均由传统制动系统改进而来，通过真空源电动化、改进液压调节单元和增加解耦轴，依次诞生了并联系统、单轴解耦串联制动系统和全解耦串联制动系统。随着新能源汽车产能的扩张，结构更简单的无真空全解耦制动系统逐渐成为主流，由此诞生了电子液压制动系统、电动副主缸制动系统、电动助力制动系统和电子机械制动系统四种全电动化制动系统。下面本书将对上述制动系统的工作原理与控制方法进行详细阐述，由于电子机械制动系统的应用尚不成熟，下文内容不包含对电子机械制动系统的阐述。

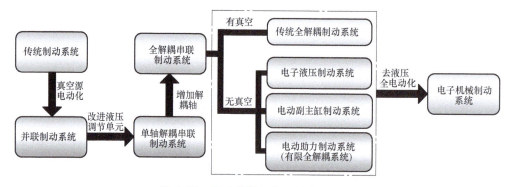

图 1.22 制动能量回收系统发展路线

1.5 本书主要内容

本书系统介绍了作者团队在制动能量回收领域多年来的研发与工程实践经验，其主要内容如下。

第 1 章，简要介绍了制动能量回收技术涉及的基础知识，包括制动能量回收技术的发展背景和意义、传统汽车与新能源汽车制动系统的基本原理、制动能量回收系统的评价指标以及制动能量回收系统的发展历程。

第 2 章，对制动能量回收系统的软硬件方案进行了介绍，其中硬件方面介绍了几种典型制动能量回收系统构型与工作原理，软件方面介绍了制动能量回收系统的软件功能架构和控制器逻辑架构。

第 3 章，对制动能量回收系统的重要执行部件进行了分析，包括各部件的工作机理和响应特性，为后续内容提供基础。

第 4 章，介绍了控制软件中的制动能量回收能力计算与制动意图识别算法，其中回收能力计算算法根据转速、电池状态等参数对电机最大制动力矩进行计算；制动意图识别算法根据传感器信号识别驾驶员制动状态，并对驾驶员需求制动力进行计算。

第 5 章，从制动力分配与稳定性控制的基础理论出发，依次对制动力分配算法与稳定性协调控制算法进行了介绍，其中制动力分配算法包含并联制动力分配算法与几种典型的串联制动力分配算法，稳定协调控制算法包括防抱死协调控制算法与车身稳定协调控制算法。

第 6 章，从制动能量回收系统的压力控制需求出发，根据控制需求划分出具体的压力控制模式，最后基于各执行部件的工作机理，对不同压力控制模式下的压力控制方法进行了介绍。

第 7 章，介绍了控制软件中的电机制动控制算法，首先分析电机的结构和矢量控制原理，然后针对电机制动过程做进一步分析，并以上述分析为依据设计了电机的制动控制算法。

第 8 章，介绍了制动能量回收系统的测试评价方法，包括测试平台的搭建、控制软件的操作方法和具体的测试评价案例。

参 考 文 献

[1] 钱兴坤，姜学峰. 2015 年国内外油气行业发展概述及 2016 年展望 [J]. 国际石油经济，2016，24（1）：27-35.

[2] 中国社会科学院. 中国能源前景 2018—2050 [R]. 北京：中国社会科学院，2018.

[3] 彭文兵，马永威，张方方. 政府绿色支持政策对我国新能源推广影响研究 [J]. 价格理论与实践，2018（9）：58-61.

[4] 余志生. 汽车理论 [M]. 4 版. 北京：机械工业出版社，2009.

[5] AHN J K, JUNG K H, KIM D H, et al. Analysis of a regenerative braking system for hybrid electric vehicles using an electro-mechanical brake [J]. International Journal of Automotive Technology, 2009, 10 (2): 229-234.

[6] CLARKE P, MUNEER T, CULLINANE K. Cutting vehicle emissions with regenerative braking [J]. Transportation Research Part D: Transport and Environment, 2010, 15 (3): 160-167.

[7] SOVRAN G. The impact of regenerative braking on the powertrain-delivered energy required for vehicle propulsion [C] //SAE Technical Paper. New York: SAE, 2011.

[8] 刘博. 基于纯电动汽车的制动能量回收系统的研究与实现 [D]. 北京：清华大学，2004.

[9] PARK S, SHERIDAN T B. Enhanced human-machine interface in braking [J]. Systems, Man and Cybernetics, Part A: Systems and Humans, IEEE Transactions on, 2004, 34 (5): 615-629.

[10] GUO R, ZHOU Z. Optimization of electric vacuum pump mount to improve sound quality of electric vehicle [C] //SAE Technical Paper. New York: SAE, 2020.

[11] HANO S, HAKIAI M. New challenges for brake and modulation systems in hybrid electric vehicles (HEVs) and electric vehicles (EVs) [C] //SAE Technical Paper. New York: SAE, 2011.

[12] 王彦波. 电动轿车制动能量回收系统的液压制动状态监测与控制方法研究 [D]. 长春：吉林大学，2014.

[13] DROTT P, VON H H, SELLINGER T, et al. Brake system of the brake-by-wire type: US82-26175B2 [P]. 2010-08-12.

[14] KANT B. Sensotronic brake control (SBC) [M]. Wiesbaden: Springer, 2015.

[15] NAKAMURA E, SOGA M, SAKAI A, et al. Development of electronically controlled brake system for hybrid vehicle [C] //SAE Technical Paper, New York: SAE, 2002.

[16] KUNZ M, MAHMOUD R, VAN D S A, et al. Regenerative bremssysteme [M]. Bremsenhandbuch: Springer, 2017.

[17] OHKUBO N, MATSUSHITA S, UENO M, et al. Application of electric servo brake system to plug-in hybrid vehicle [J]. SAE International Journal of Passenger Cars-Electronic and Electrical Systems, 2013, 6 (2013-01-0697): 255-260.

[18] BOSCH. Bosch IPB [EB/OL]. (2017-08-20) [2021-10-08]. https://www.bosch-mobility-solutions.com/en/solutions/driving-safety/integrated-power-brake/.

[19] CONTINENTAL. Continental Mk C1 [EB/OL]. (2016-05-15) [2021-10-06]. https://conti-engineering.com/components/mk-c1-evo/.

[20] KEIGO A. Vehicle brake controller: US12694567 [P]. 2010-01-27.

[21] BOSCH MEDIA SERVICE. Mobility Solutions [EB/OL]. (2013-06-17) [2021-10-12]. http://www.bosch-presse.de/presseforum/details.htm?txtID=6278&locale=en.

[22] 山崎达也, 江口雅章. 电动式直动致动器以及电动式制动装置: 201480044031.5 [P]. 2017-08-01.

第 2 章

制动能量回收系统方案

制动能量回收系统的制动实施过程实际上是根据驾驶员的制动需求，在软硬件配合下，合理地控制电机再生制动力与液压制动力。本章围绕制动能量回收系统的控制执行过程，对制动能量回收系统软硬件方案进行分析阐述，包括制动能量回收系统硬件构型、功能架构和控制器逻辑架构。

2.1 制动能量回收系统硬件方案

根据第 1 章对制动能量回收系统原理的描述，制动能量回收系统有并联和串联两种类型，两种系统的差别在于制动系统硬件，其中并联系统的制动硬件结构原理简单，但结合再生制动系统可回收的能量较少；串联系统的制动硬件结构复杂，但可结合再生制动系统实现电机与液压制动力的协调控制，从而获得更佳的制动能量回收效果。

本节分别对并联与串联系统的制动系统硬件结构和工作原理进行介绍，需要注意的是，制动系统硬件不仅能实现能量回收功能，还能进行防抱死制动控制和车身稳定性控制，由于本书的重点为制动能量回收，此处仅对能量回收过程的硬件工作原理进行介绍。

2.1.1 并联制动能量回收系统构型

图 2.1 所示为并联系统的制动硬件组成（下文统称为并联构型），这种构型最大限度利用了传统制动系统的各个部件，包括制动主缸、真空助力器、储液罐、制动器及液压调节单元等，真空泵、主缸压力传感器和踏板位移传感器则是并联构型除传统制动部件外的新增部件。

在以上部件中，真空泵由蓄电池供电，可以为新能源汽车的真空助力器提供稳定的真空源（传统汽车由发动机提供真空源）；主缸压力传感器和踏板位移传感器用于获取驾驶员制动意图。考虑到成本问题，并联构型通常仅需要一种传感器，当然也有车型为了提高系统稳定性，同时选用主缸压力传感器和踏板位移传感器的，二者在能量回收时形成冗余，即使一个传感器失效，制动能量回收功能依然可正常工作。

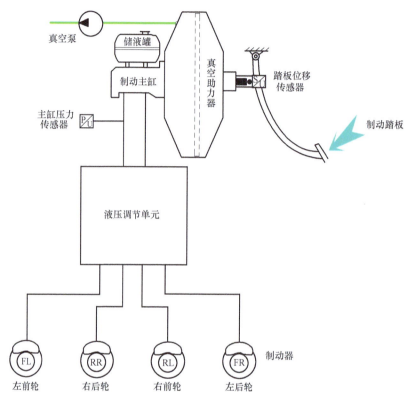

图 2.1　并联制动系统构型

在能量回收过程中，并联制动能量回收系统只有电机制动力可电控调节，液压制动力仅受踏板位移影响。在一次制动过程中，并联系统电机制动力与总液压制动力的典型分配历程如图 2.2 所示。

图 2.2 涵盖了并联制动能量回收系统工作时可能出现的大部分状态（忽略滑行制动），依次经历①克服踏板空行程，电机与液压共同制动；②制动踏板稳定后，电机制动力由于车速过低逐步退出；③制动停车。

2.1.2　单轴解耦的串联制动能量回收系统构型

串联制动能量回收系统可独立调节各车轮液压制动力，从而实现电机与液压制动力的协调控制。为实现上述功能，串联制动系统有多种制动硬件的实现形式，这些硬件尽管工作原理不同，但都能部分或完全切断制动轮缸与制动主缸的联系。我

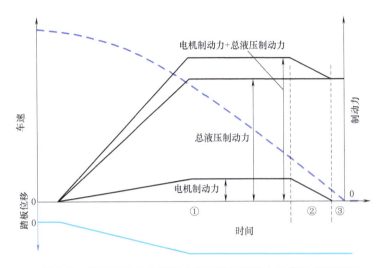

图 2.2　并联系统电机制动力与总液压制动力的典型分配历程

们通常也将这些构型叫作解耦式构型。

根据"解耦"程度，串联制动构型可分为单轴解耦构型和全解耦构型。本节首先介绍两种常见的单轴解耦构型，常规制动过程中，单轴解耦构型仅能独立调节解耦轴液压制动力，非解耦轴轮缸始终与主缸保持联通，因此，其仅能实现电机制动力与解耦轴液压制动力的协调控制。

2.1.2.1　结构方案

图 2.3 和图 2.4 所示为两种典型的单轴解耦构型，这两种构型均由传统制动系统改进而来，包含制动操纵机构、踏板感觉模拟装置和制动执行机构三个部件。

对单轴解耦构型 A 而言，其制动操纵机构包括制动踏板、储液罐、真空助力器和制动主缸等传统部件，为了保证真空助力器内的真空度满足制动助力的需求，单轴解耦构型 A 在传统操纵机构基础上增加了由蓄电池供电的电动真空泵；同时，在制动踏板处，还安装有踏板位移传感器，利用踏板位移传感器可测量制动踏板位移变化，由此识别驾驶员的制动意图。

为了使单轴解耦构型 A 的踏板感觉与传统车型一致，单轴解耦构型 A 增加了踏板感觉模拟装置。该装置包含 1 个常开阀、1 个常闭阀、3 个单向阀和 1 个踏板感觉模拟器。当踏板感觉模拟器工作时，常闭阀打开，制动主缸流出的制动液进入踏板感觉模拟器中，压缩模拟器缸体内的弹簧机构，从而实现踏板力感觉的模拟。

单轴解耦构型 A 的执行机构包括液压调节单元、轮缸压力传感器和制动器，其中液压调节单元用于液压制动力的精确控制，包含 6 个单向阀、12 个电磁阀（进液阀、出液阀、转换阀、吸入阀）、2 个液压泵、2 个低压蓄能器、1 个主缸压力传感器和 1 个液压泵电机。通过控制电磁阀和液压泵电机，液压调节单元可调节各个车轮的轮缸压力，从而配合驱动电机实现电机与液压制动力的协调控制。

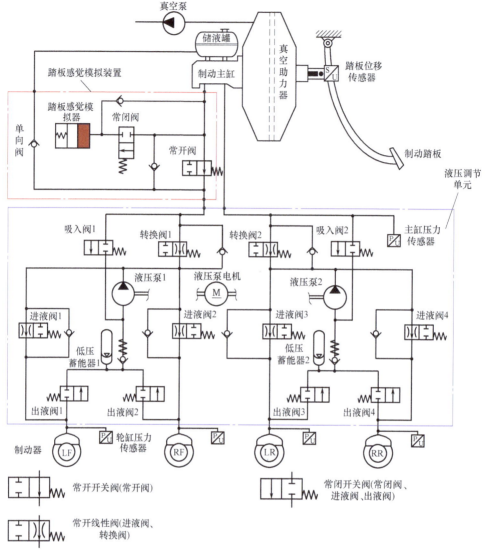

图 2.3 单轴解耦构型 A

图 2.4 所示为单轴解耦构型 B，该构型与单轴解耦构型 A 最大的区别在制动执行机构和踏板感觉模拟装置上，制动操纵机构则基本一致。

执行机构方面，单轴解耦构型 B 的液压调节单元仅包括 4 个进液阀、4 个出液阀、4 个单向阀、2 个低压蓄能器、2 个液压泵和 1 个液压泵电机。这种液压调节单元单独工作时，只能实现主动减压，不能实现主动增压。

由于单轴解耦构型 B 的液压调节单元不能主动增压，踏板感觉模拟装置同时承担了踏板感觉模拟和主动增压两项工作。这种踏板感觉模拟装置在踏板感觉模拟器、常开阀和常闭阀外，增加了液压泵、液压泵电机、失效阀、稳压阀和压力传感

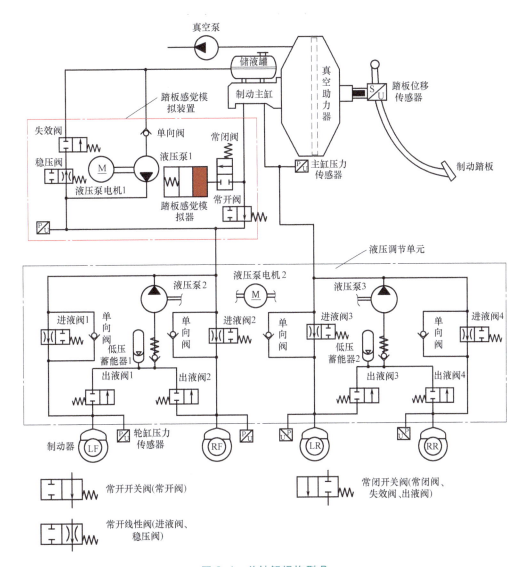

图 2.4 单轴解耦构型 B

器，其通过踏板感觉模拟器实现感觉模拟，通过液压泵和电磁阀的配合实现主动增压。

而在制动操纵机构上，为了更可靠地获得驾驶员的制动意图，单轴解耦构型 B 在操纵机构处增加了主缸压力传感器。

2.1.2.2 工作原理

为了说明两种单轴解耦构型的工作原理，假设新能源汽车为前驱车型，其前后轴制动力与传统汽车一样采用定比值分配方式（汽车前轴总制动力与后轴总制动力的比值为定值），则电机制动力与前后轴液压制动力分配的时间历程如图 2.5 所示。

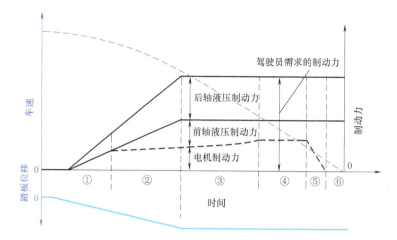

图 2.5　制动力分配的时间历程设计曲线

图 2.5 涵盖了单轴解耦构型在一次制动过程中可能出现的大部分工作阶段（忽略滑行制动），依次经历①克服踏板空行程，制动总需求增加，前轴制动力全部由电机提供，后轴制动力由液压提供，并随踏板位移增大而增大；②制动总需求持续增加，电机制动力不足以满足前轴制动需求，前轴液压制动力逐渐增加，补偿电机制动力，后轴液压制动力随踏板位移增大而增大；③制动踏板位移稳定，制动总需求和后轴液压制动力保持不变，电机工作点处于恒功率区，电机转矩随车速降低逐渐增大，为充分利用电机制动力，前轴液压制动力减小；④制动踏板位移稳定，制动总需求和后轴液压制动力保持不变，电机制动进入恒转矩区，前轴液压制动力保持不变；⑤制动踏板位移稳定，制动总需求和后轴液压制动力保持不变，电机制动力矩由于车速过低逐步退出，前轴液压制动力增加，补偿电机制动力；⑥制动停车。

单轴解耦构型各阶段的液压控制可总结为如下四种工作状态和一种失效状态。其中，系统失效主要是指模拟器、液压调节单元等影响回收功能正常工作的关键部件出现功能异常或失效。

1）前轴纯电机+后轴液压随动（①）。
2）前轴电液协调（液压增压）+后轴液压随动（②和⑤）。
3）前轴电液协调（液压减压）+后轴液压随动（③）。
4）前轴电液协调（液压保持）+后轴液压随动（④和⑥）。
5）失效状态。

下面分别分析两种单轴解耦构型在四种工作状态和一种失效状态下的工作原理。

1. 前轴纯电机+后轴液压随动（①）

当新能源汽车可提供的电机制动力大于或等于前轴制动需求时，前轴无须提供液压制动力，前轴制动力完全由电机提供，后轴制动力则完全由液压提供，并随踏板位移增加而增加。

此时两种单轴解耦构型的制动液流向及部件工作状态如图 2.6 和图 2.7 所示，踩下制动踏板后，两种构型均关闭模拟器常开阀、打开模拟器常闭阀，制动主缸排出的制动液流入后轴轮缸和踏板感觉模拟器中。此时两种构型的前轴轮缸与制动主缸解耦，无制动液流入，后轴轮缸产生液压制动力，并与踏板感觉模拟器中的弹簧元件共同模拟传统汽车的踏板感觉。

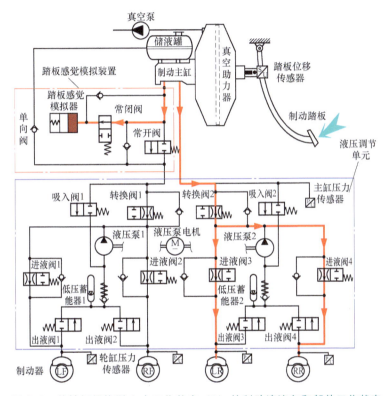

图 2.6　单轴解耦构型 A 在工作状态（1）的制动液流向和部件工作状态

2. 前轴电液协调（液压增压）+后轴液压随动（②和⑤）

如图 2.5 中的阶段②和⑤所示，当新能源汽车可提供的电机制动力小于前轴的制动需求时，需增加前轴液压制动力，补偿电机制动力的不足，因此，前轴制动力由液压制动力和电机制动力共同提供，后轴则完全由液压制动力提供，并随踏板位移变化而变化。

此时两种单轴解耦构型的制动液流向及部件工作状态如图 2.8 和图 2.9 所示，踩下制动踏板后，两种构型的前轴轮缸依然与主缸保持解耦，主缸排出的制动液流入后轴轮缸和踏板感觉模拟器中，二者共同模拟踏板感觉。

对单轴解耦构型 A 而言，为使前轴液压制动力增加，可以利用液压调节单元

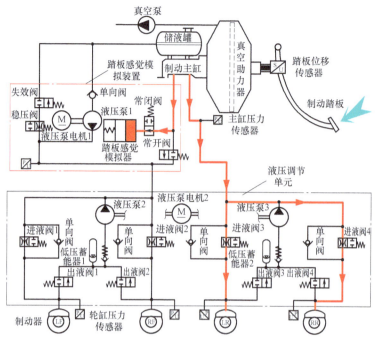

图 2.7 单轴解耦构型 B 在工作状态（1）的制动液流向和部件工作状态

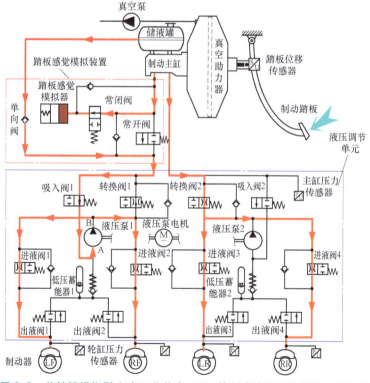

图 2.8 单轴解耦构型 A 在工作状态（2）的制动液流向和部件工作状态

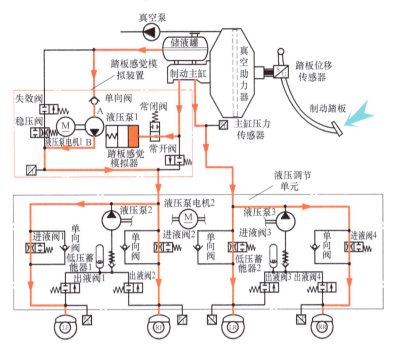

图 2.9 单轴解耦构型 B 在工作状态（2）的制动液流向和部件工作状态

的主动增压功能。此时液压泵电机通电带动液压泵 1 工作，转换阀 1 通电关闭，吸入阀 1 通电开启，液压泵 1 产生液压真空度，将储液罐中的制动液经单向阀和吸入阀 1 引入液压泵 1 的入口 A 中，高压制动液从液压泵 1 的出口 B 流出，分别进入左前轮和右前轮制动轮缸，导致前轴液压制动力增加。由于前轴轮缸与主缸解耦，前轴主动增压不会导致主缸和后轴产生压力波动，因此踏板感觉稳定。

对单轴解耦构型 B 而言，为使前轴液压制动力增加，其踏板感觉模拟装置不仅要起到模拟踏板的作用，还要为前轴轮缸提供高压制动液。具体到各部件的工作状态，此时液压泵电机 1 通电开启，失效阀保持关闭，液压泵 1 产生液压真空度，将储液罐中的制动液经单向阀引入液压泵 1 的入口 A 中，高压制动液从液压泵 1 的出口 B 流出，分别进入左前轮和右前轮制动轮缸，实现前轴液压制动力增加。

3. 前轴电液协调（液压减压）+后轴液压随动（③）

当电机工作在恒功率区，并且制动踏板保持稳定时，电机转矩随车速降低逐渐增大，为充分发挥电机制动力，前轴液压制动力应逐渐减小，后轴液压制动力则随制动踏板保持稳定。此时两种单轴解耦构型的制动液流向及部件工作状态如图 2.10 和图 2.11 所示，制动踏板踩下后，两种构型的前轴轮缸与主缸保持解耦。

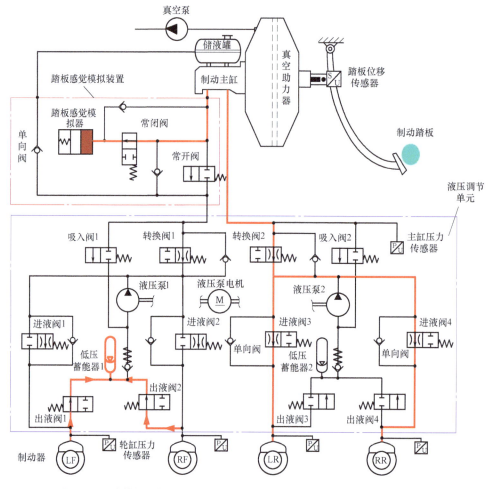

图2.10 单轴解耦构型A在工作状态（3）的制动液流向和部件工作状态

对单轴解耦构型A而言，为使前轴液压制动力减小，可利用液压调节单元的减压功能，即前轴进液阀1和进液阀2通电关闭，出液阀1和出液阀2通电开启，制动液由前轴制动轮缸流入低压蓄能器1中。受限于低压蓄能器的容量，前轴减压幅度存在上限，当低压蓄能器与前轴轮缸压力相等时，减压结束，相应的电机制动力也受到限制。

对单轴解耦构型B而言，其减压能力更强。同样关闭前轴进液阀、开启前轴出液阀后，若低压蓄能器达到减压上限，该构型可通过液压泵2将低压蓄能器1中的高压制动液吸入，同时开启失效阀，前轴轮缸的制动液可依次经出液阀、液压泵2、稳压阀和失效阀流回储液罐中，实现前轴排液减压。而单轴解耦构型A不能利用液压泵提升减压能力，因为液压泵1流出的液体无法流回储液罐，仅能通过常开阀旁的单向阀流回制动主缸，从而产生顶脚感。

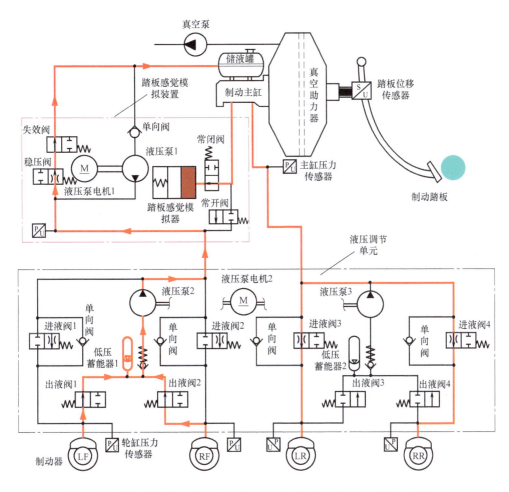

图 2.11 单轴解耦构型 B 在工作状态（3）的制动液流向和部件工作状态

4. 前轴电液协调（液压保持）+后轴液压随动（④和⑥）

当电机制动力不变且制动踏板保持稳定时，前后轴液压制动力也应保持稳定。此时两种单轴解耦构型的制动液流向及部件工作状态如图 2.12 和图 2.13 所示，踩下制动踏板后，两种单轴解耦构型的前轴轮缸与主缸保持解耦，为使前轴液压制动压力保持不变，利用液压调节单元的保压功能，即关闭前轴进液阀和出液阀，前轴制动液无法流出制动轮缸，制动压力得以保持。

5. 失效状态

当两种单轴解耦构型出现故障时，如图 2.14 和图 2.15 所示，此时两种单轴解耦构型等同于传统制动系统，所有执行部件均处于初始断电状态，踏板感觉模拟器与主缸回路断开，驾驶员踩下制动踏板，制动主缸流出的制动液直接进入前后轴轮缸，保证汽车的制动安全。

新能源汽车制动能量回收技术

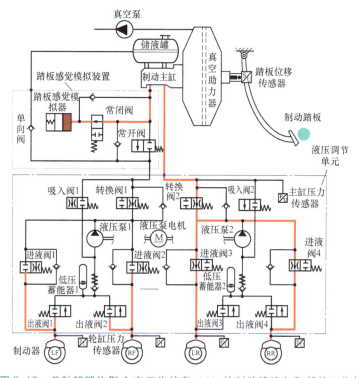

图 2.12 单轴解耦构型 A 在工作状态（4）的制动液流向和部件工作状态

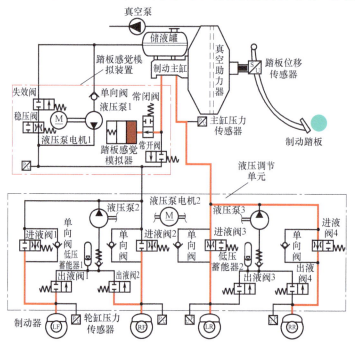

图 2.13 单轴解耦构型 B 在工作状态（4）的制动液流向和部件工作状态

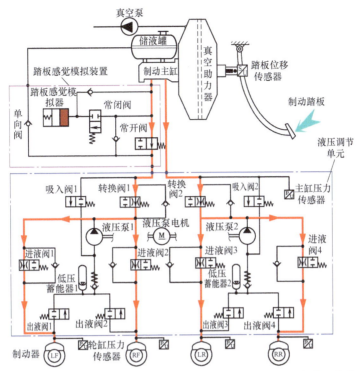

图 2.14　单轴解耦构型 A 在工作状态（5）的制动液流向和部件工作状态

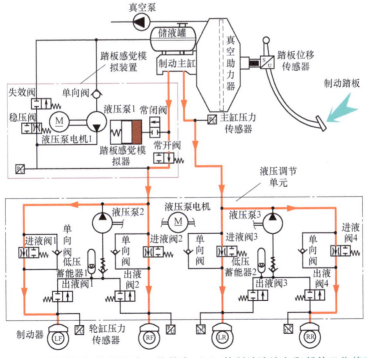

图 2.15　单轴解耦构型 B 在工作状态（5）的制动液流向和部件工作状态

2.1.3 全解耦的串联制动能量回收系统构型

相比单轴解耦构型，全解耦构型的解耦程度更高，其可完全切断制动主缸与轮缸之间的液压回路，实现四个轮缸的液压独立控制，从而获得更好的制动能量回收效果。目前全解耦系统主要有电子液压制动系统、电动副主缸式制动系统和电动助力制动系统三种。本节重点介绍电子液压制动系统和电动副主缸式制动系统。电动助力制动系统由于只能在一定制动强度范围内实现全解耦，因此并不能称作完全意义上的全解耦系统，本书将其归为有限全解耦系统，2.1.4 节将对其结构与工作原理进行详细介绍。

2.1.3.1 结构方案

图 2.16 所示为一种典型的电子液压制动系统，图 2.17 所示为一种典型的电动副主缸式制动系统。这两种系统构型都取消了真空助力器，并且包含制动操纵机构、踏板感觉模拟装置、供能装置和制动执行机构四个部分。

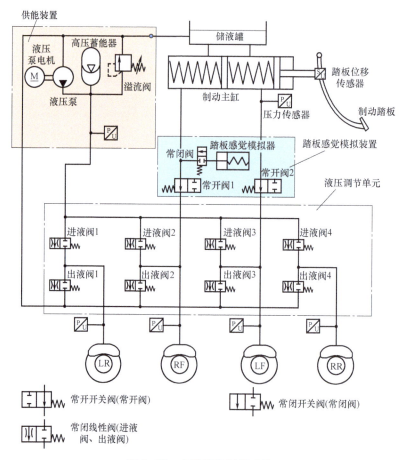

图 2.16 电子液压制动系统

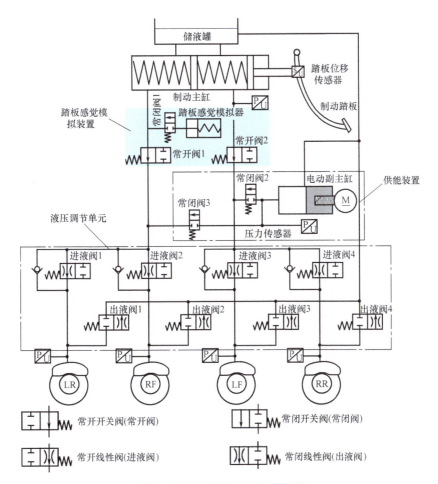

图 2.17 电动副主缸式制动系统

对电子液压制动系统而言，其制动操纵机构包括储液罐、制动主缸、制动踏板、踏板位移传感器以及主缸压力传感器，取消了传统真空助力器和真空泵等装置，结构更加紧凑。

电子液压制动系统同样具有踏板感觉模拟装置，相比单轴解耦构型，该全解耦构型的模拟装置在主缸前腔和后腔出液口均设置有常开阀，可将主缸和前后轴轮缸解耦。能量回收时，踏板感觉模拟装置的常开阀始终关闭，常闭阀则通电开启，主缸排出的制动液全部进入踏板感觉模拟器，踏板感觉完全由踏板感觉模拟器提供。

电子液压制动系统的供能装置可为制动轮缸提供稳定的压力源，其由高压蓄能器、液压泵、液压泵电机、溢流阀以及蓄能器压力传感器组成。高压蓄能器用于容纳高压制动液，通过控制液压泵电机，可使蓄能器内部压力维持在一定范围内：若蓄能器压力较低，则液压泵电机工作，高压蓄能器内部压力升高；若蓄能器压力较高，则液压泵电机停止运行，部分制动液由溢流阀流回储液罐，高压蓄能器内部压力降低。

电子液压制动系统的执行机构包括液压调节单元和4个轮缸压力传感器，其中液压调节单元仅有4个进液阀和4个出液阀，通过控制液压调节单元中的进液阀和出液阀，配合供能装置内的液压泵电机，执行机构可实现4个车轮的液压调节。

图2.17所示为电动副主缸式制动系统，该系统构型同样包含制动操纵机构、踏板感觉模拟装置、供能装置和制动执行机构4个部分。相比电子液压制动系统，两者在制动操纵机构和踏板感觉模拟装置方面一致，区别在于供能装置和制动执行机构上。

在供能装置方面，该构型采用电动副主缸替代高压蓄能器。制动系统工作时，电动副主缸内的电机旋转，带动副主缸活塞做往复直线运动，从而改变副主缸和轮缸内制动液的体积，实现轮缸压力的调节。除了电动副主缸，供能装置还包含常闭阀2、常闭阀3和压力传感器，其中两个常闭阀起到隔离主缸与电动副主缸的作用，避免系统失效时，主缸排出的制动液进入电动副主缸；压力传感器则用于获取电动副主缸内部的压力信息。

执行机构方面，该构型同样包含液压调节单元和4个轮缸压力传感器，其中液压调节单元内的进液阀为常开线性阀，出液阀为常闭线性阀。此外，该构型在进液阀旁并联了4个单向阀，当供能电机反转时，制动液可由轮缸经单向阀回流至液压缸，降低了回流阻力。

2.1.3.2 工作原理

为了说明两种全解耦构型的工作原理，假设新能源汽车为前置前驱车型，其前后轴液压制动力保持同步控制，共同补偿电机制动力的不足，则电机制动力与总液压制动力的分配时间历程如图2.18所示。

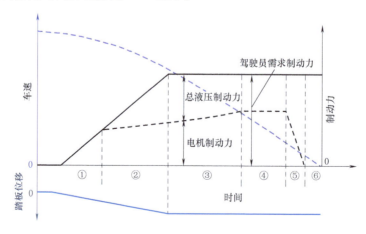

图2.18 制动力的分配时间历程设计曲线

对于电机布置在前轴的车型，图 2.18 涵盖了全解耦构型在一次制动过程中可能出现的大部分工作阶段（忽略滑行），依次经历①踏板位移增加，制动总需求全部由电机制动力满足；②踏板位移持续增加，电机制动力不足以满足总制动需求，总液压制动力逐渐增加，补偿电机制动力；③制动踏板位移稳定，制动总需求保持不变，电机工作点处于恒功率区，电机转矩随车速降低逐渐增大，为充分利用电机制动力，总液压制动力减小；④制动踏板位移稳定，制动总需求保持不变，电机制动进入恒转矩区，总液压制动力也保持不变；⑤制动踏板位移稳定，制动总需求保持不变，电机制动力由于车速过低逐步退出，总液压制动力增加，补偿电机制动力；⑥制动停车。

全解耦构型各阶段的液压控制可总结为如下四种工作状态和一种失效状态。其中，系统失效主要是指模拟装置、液压调节单元、供能装置等影响回收功能正常工作的关键部件出现功能异常或失效。

1）电机单独制动（①）。
2）电液协调制动（液压增压）（②和⑤）。
3）电液协调制动（液压减压）（③）。
4）电液协调制动（液压保持）（④和⑥）。
5）失效状态。

下面分别分析两种全解耦构型在四种工作状态和一种失效状态下的工作原理。

1. 电机单独制动（①）

当新能源汽车可提供的电机制动力大于或等于总制动需求时，制动系统无须提供液压制动力，总制动需求完全由电机满足。

此时电子液压和电动副主缸式制动系统的制动液流向及部件工作状态如图 2.19 和图 2.20 所示。踩下制动踏板后，两种构型均关闭模拟器常开阀，打开模拟器常闭阀，制动主缸排出的制动液全部流入踏板感觉模拟器中，制动轮缸与制动主缸解耦，不产生液压制动力，踏板感觉完全由踏板感觉模拟器提供。

2. 电液协调制动（液压增压）（②和⑤）

当新能源汽车可提供的电机制动力小于总制动需求时，需增加前后轴液压制动力，补偿电机制动力的不足。此时电子液压和电动副主缸式制动系统的制动液流向及部件工作状态如图 2.21 和图 2.22 所示。踩下制动踏板后，两种全解耦构型的主缸与轮缸保持解耦，制动主缸排出的制动液全部流入踏板感觉模拟器中。

为使液压制动力增加，电子液压制动系统需开启前后轴进液阀，使高压制动液从蓄能器流出，经进液阀流入制动轮缸；电动副主缸式制动系统则利用电动副主缸实现增压，此时供能装置内常闭阀开启，副主缸电机正转，推动副主缸活塞，使高压制动液流入制动轮缸。两种构型的差别在于压力源，前者压力源稳定，可调范围小；后者压力源可自由调节，副主缸类似于制动系统的主缸，电机的旋转角度则相当于制动踏板位移。

新能源汽车制动能量回收技术

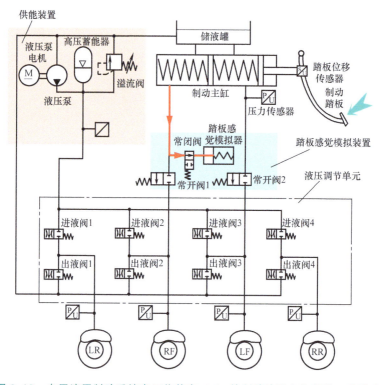

图2.19 电子液压制动系统在工作状态（I）的制动液流向和部件工作状态

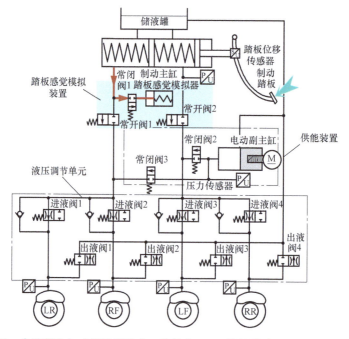

图2.20 电动副主缸式制动系统在工作状态（I）的制动液流向和部件工作状态

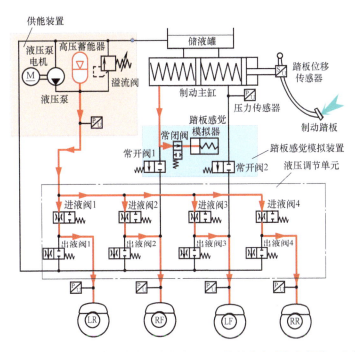

图 2.21 电子液压制动系统在工作状态（2）的制动液流向和部件工作状态

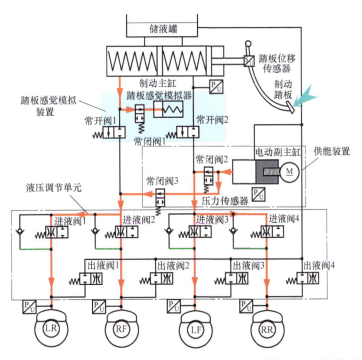

图 2.22 电动副主缸式制动系统在工作状态（2）的制动液流向和部件工作状态

3. 电液协调制动（液压减压）（③）

当电机工作在恒功率区，并且制动踏板保持稳定时，电机转矩随车速降低逐渐增大，为充分发挥电机制动力，前后轴液压制动力应逐渐减小。

此时电子液压和电动副主缸式制动系统的制动液流向及部件工作状态如图2.23和图2.24所示。踩下制动踏板后，踏板感觉模拟装置工作状态不变，为使液压制动力减小，电子液压制动系统需关闭前后轴进液阀，开启出液阀，使制动液由前后轴制动轮缸流出，经出液阀流回储液罐中；电动副主缸式制动系统则利用电动副主缸实现轮缸减压，此时供能装置内常闭阀保持开启，副主缸电机反转，制动液由制动轮缸经进液阀和单向阀流回副主缸中。

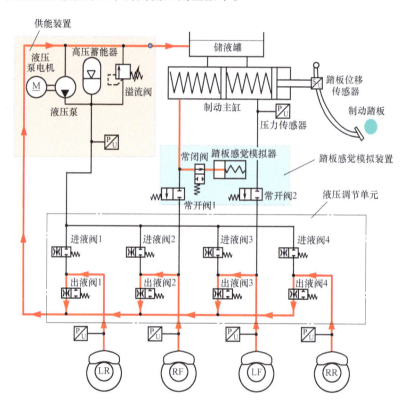

图2.23 电子液压制动系统在工作状态（③）的制动液流向和部件工作状态

4. 电液协调制动（液压保持）（④和⑥）

当电机制动力不变且制动踏板位移保持稳定时，前后轴液压制动力也应保持稳定。此时两种全解耦构型的制动液流向及部件工作状态如图2.25和图2.26所示。为使液压制动力保持不变，电子液压制动系统需关闭前后轴进液阀与出液阀，使制动液保留在制动轮缸中；电动副主缸式制动系统则保持副主缸电机位置不变，即副主缸活塞停止运动，制动压力得以保持。

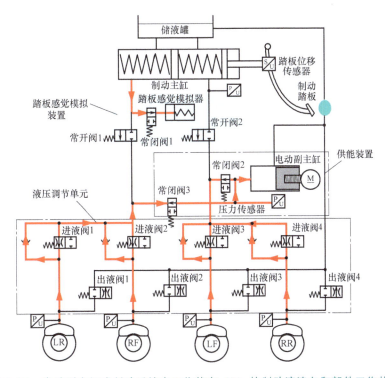

图 2.24 电动副主缸式制动系统在工作状态（3）的制动液流向和部件工作状态

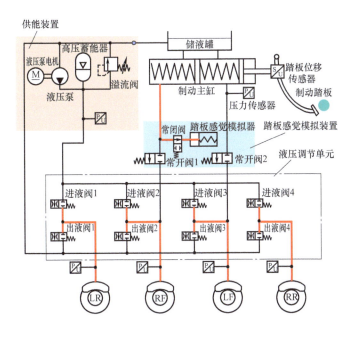

图 2.25 电子液压制动系统在工作状态（4）的制动液流向和部件工作状态

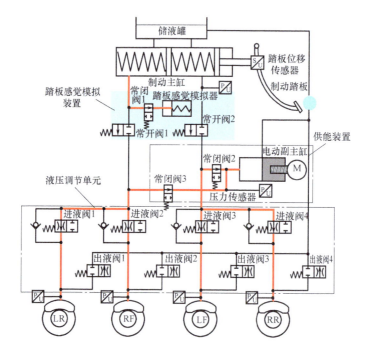

图 2.26 电动副主缸式制动系统在工作状态（4）的制动液流向和部件工作状态

5. 失效状态

如图 2.27 和图 2.28 所示，当两种全解耦构型出现故障时，所有执行部件均处于初始断电状态，踏板感觉模拟器与主缸回路断开。驾驶员踩下制动踏板，制动主缸流出的制动液均直接进入前后轴轮缸，轮缸压力随着踏板位移的变化而变化，保证汽车的制动安全。

由于两种构型都没有真空助力器，当系统失效时，制动踏板无额外助力。此外，电子液压制动系统的制动主缸仅与前轴轮缸以液压管路相连，因此，系统失效后其后轴无法产生制动力。

2.1.4 有限全解耦的串联制动能量回收系统构型

尽管单轴解耦和全解耦构型都能获得较好的制动能量回收效果，但它们的结构也更为复杂，以全解耦构型为例，其较传统制动系统增加了踏板行程模拟装置和供能装置，成本显著提高。为解决此类问题，电动助力制动系统应运而生，这种系统同样属于全解耦构型，但技术路线完全不同。相比上述两种全解耦构型，电动助力制动系统仅有制动操纵机构和执行机构，结构更为简单，但其解耦能力有限，只能在一定制动强度范围内实现双轴全解耦，一旦超出制动强度，主缸与轮缸便重新耦合，因此，这种构型在能量回收时踏板感觉较上述两种全解耦构型稍差。

第2章 制动能量回收系统方案

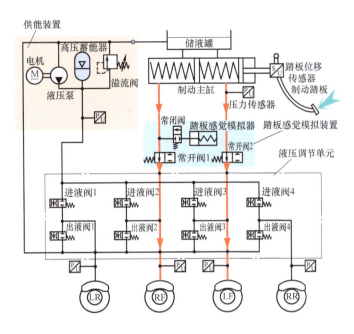

图 2.27 电子液压制动系统在工作状态（5）的制动液流向和部件工作状态

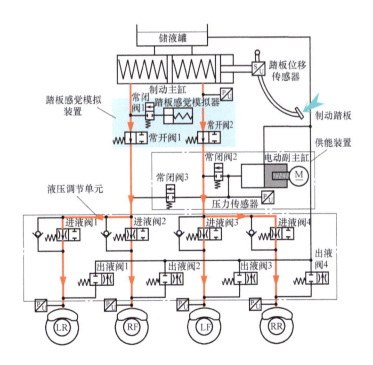

图 2.28 电动副主缸式制动系统在工作状态（5）的制动液流向和部件工作状态

2.1.4.1 结构方案

图 2.29 所示为一种典型的电动助力制动系统,相比上述两种全解耦构型,这种构型没有供能装置和踏板感觉模拟装置,其利用操纵机构模拟踏板感觉,通过执行机构实现主缸与轮缸的解耦,执行机构还起到产生高压制动液和调节四轮液压制动力的作用。

电动助力制动系统的制动操纵机构包括制动踏板、储液罐、电子机械助力装置和制动主缸,其中电子机械助力装置由助力电机、减速机构(齿轮+丝杠螺母)、位移传感器、电机角度传感器、电流传感器、输出推杆、输入推杆等构成。当制动能量回收功能关闭时,电子机械助力装置内的助力电机经减速机构输出机械助力,

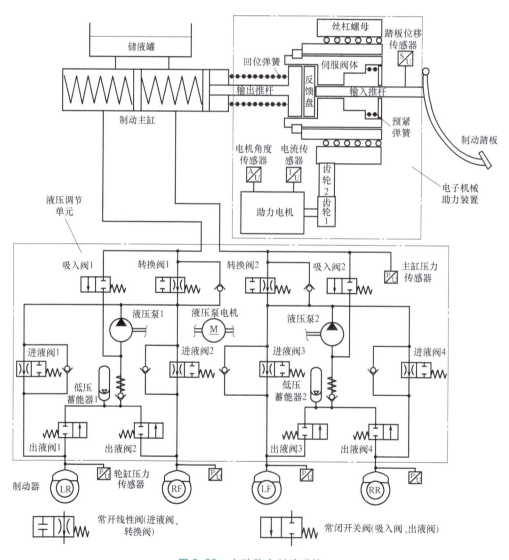

图 2.29 电动助力制动系统

助力特性与传统真空助力器相同；当制动能量回收功能开启时，电子机械助力装置根据主缸压力的变化，主动调节机械助力，保证制动踏板感觉的一致性。因此，电动助力制动系统无需踏板感觉模拟器，便可通过调节助力实现踏板感觉的模拟。

制动执行机构方面，为实现四轮压力调节，电动助力制动系统必须搭配具有主动增压功能的液压调节单元。当液压调节单元单独工作时，其可以实现四轮的主动增压和减压，但压力控制过程必然伴随主缸压力的变化，进而影响踏板感觉，因此，轮缸压力控制与电子机械助力装置的踏板感觉控制通常是同步进行的。此外，为了实时监测轮缸压力，制动执行机构还包含四个轮缸压力传感器。

2.1.4.2 工作原理

为了说明电动助力制动系统的工作原理，假设新能源汽车为前置前驱车型，其电机制动力与液压制动力按图 2.18 所示分配，则电动助力制动系统同样有四种工作状态和一种失效状态。

1. 电机单独制动（①）

当新能源汽车可提供的电机制动力大于或等于总制动需求时，制动系统无须提供液压制动力，总制动需求完全由电机提供。

此时电动助力制动系统的制动液流向和部件工作状态如图 2.30 所示，踩下制动踏板后，后轴出液阀开启，前轴进液阀关闭，制动主缸排出的制动液经后轴进液阀和出液阀全部流入低压蓄能器中，主缸与轮缸通过液压调节单元实现完全解耦，制动轮缸不产生液压制动力。

整个过程的踏板感觉由电子机械助力装置调节。如图 2.31 所示，将电子机械助力装置内的输出推杆和反馈盘视为一个整体，其受到弹簧力 $F_{springs}$、主缸传递的液压力 $F_{hydraulic}$、助力电机经减速机构传递的机械助力 $F_{support}$ 和输入推杆传递的踏板力 F_{pedal} 的共同作用，四个力之间存在如下关系：

$$F_{hydraulic} + F_{springs} = F_{support} + F_{pedal} \tag{2.1}$$

弹簧力 $F_{springs}$ 与弹簧压缩行程线性相关，而弹簧压缩行程近似等于制动踏板位移 S_{pb}，因此弹簧力 $F_{springs}$ 可表示为 $f(S_{pb})$；液压力 $F_{hydraulic}$ 取决于主缸压力 P_m，可表示为 $g(P_m)$，由于此时制动轮缸不产生液压制动力，因此 $F_{hydraulic}$ 为 0；如图 2.31 所示，传统汽车的踏板力 F_{pedal} 与踏板位移 S_{pb} 正相关，因此，为了模拟传统汽车的踏板感觉，新能源汽车在某踏板位移下的理想踏板力应为 $y(S_{pb})$。

综合上述分析，为模拟传统汽车的踏板感觉，电子机械助力装置的机械助力 $F_{support}$ 应调节为：

$$F_{support} = g(P_m) + f(S_{pb}) - y(S_{pb}) = f(S_{pb}) - y(S_{pb}) \tag{2.2}$$

2. 电液协调制动（液压增压）（②和⑤）

当新能源汽车可提供的电机制动力小于总制动需求时，需增加前后轴液压制动力，补偿电机制动力的不足。

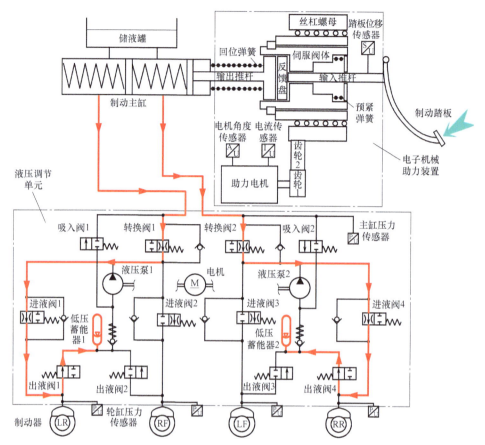

图 2.30 电动助力制动系统在工作状态（1）的制动液流向和部件工作状态

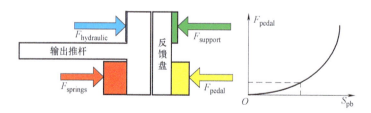

图 2.31 输出推杆和反馈盘在工作状态（1）的受力分析

针对上述工作阶段②和⑤，电动助力制动系统有不同的增压方式。在工作阶段②中，踏板位移持续增加，轮缸增压主要通过跟随主缸压力来实现。此时电动助力制动系统的制动液流向和部件工作状态如图 2.32 所示，其前后轴进液阀开启、出液阀关闭，制动主缸排出的制动液直接进入制动轮缸，主缸与轮缸进入耦合状态。

在工作状态⑤中，制动踏板位移稳定，轮缸增压主要通过液压调节单元来实现。此时电动助力制动系统的制动液流向和部件工作状态如图 2.33 所示。

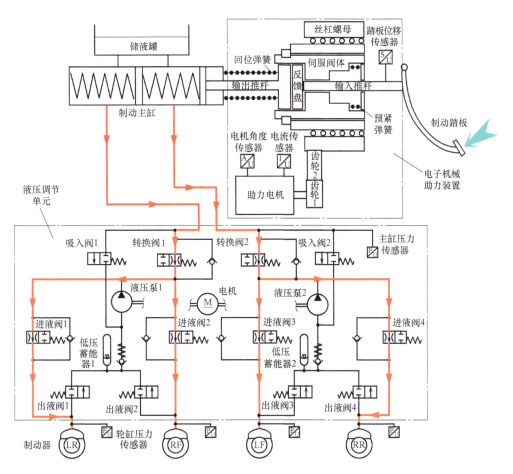

图 2.32 电动助力制动系统在工作状态②的制动液流向和部件工作状态

液压泵电机通电带动液压泵 1 和液压泵 2 工作，液压泵 1 和液压泵 2 产生真空度，将存储在低压蓄能器中的制动液引入液压泵 1 和液压泵 2 的入口 A 和 C 中，高压制动液从液压泵 1 和液压泵 2 的出口 B 和 D 流出，分别进入前后轴制动轮缸，前后轴液压制动力增加。

如图 2.34 所示，两个工作阶段的踏板感觉依然由电子机械助力装置调节，由于液压力 $F_{hydraulic}$ 随轮缸压力显著增加，($F_{springs}-F_{pedal}$) 相对变化较小，为维持良好的踏板感觉，电子机械助力装置应增大机械助力。然而受助力电机性能限制，当轮缸增压速率较大时，助力电机难以响应助力需求，导致制动踏板有顶脚感。

3. 电液协调制动（液压减压）（③）

当电机工作在恒功率区，并且制动踏板保持稳定时，电机转矩随车速降低逐渐增大，为充分发挥电机制动力，前后轴液压制动力应逐渐减小。

新能源汽车制动能量回收技术

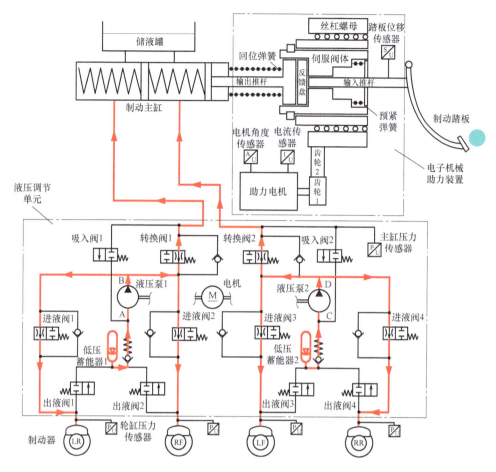

图 2.33 电动助力制动系统在工作状态⑤的制动液流向和部件工作状态

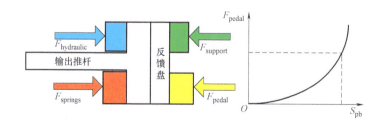

图 2.34 输出推杆和反馈盘在工作状态（2）的受力分析

此时电动助力制动系统的制动液流向及部件工作状态如图 2.35 所示，为使液压制动力减小，需开启前后轴出液阀，制动液由制动主缸和轮缸流入低压蓄能器，实现前后轴排液减压。受限于低压蓄能器的容量，轮缸减压幅度存在上限，相应的电机制动力也受到限制。

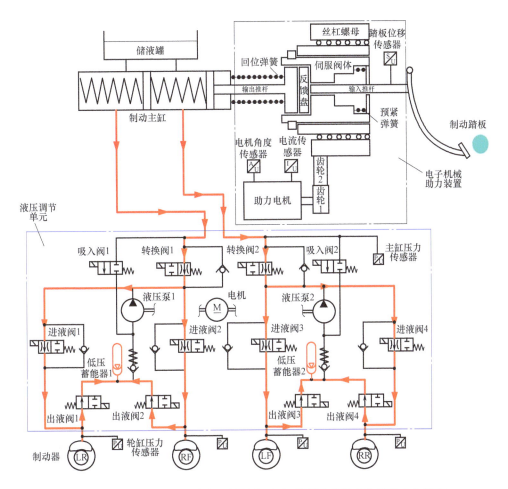

图 2.35 电动助力制动系统在工作状态（3）的制动液流向和部件工作状态

如图 2.36 所示，整个减压过程的踏板感觉依然由电子机械助力装置调节，由于液压力 $F_{hydraulic}$ 随轮缸压力减小而减小，（$F_{springs}-F_{pedal}$）在踏板位移稳定时几乎不变，为维持良好的踏板感觉，电子机械助力装置应减小机械助力。

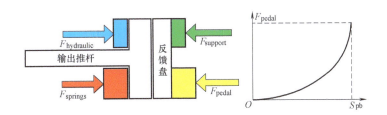

图 2.36 输出推杆和反馈盘在工作状态（3）的受力分析

4. 电液协调制动（液压保持）（④和⑥）

当电机制动力不变且制动踏板位移保持稳定时，前后轴液压制动力也应保持稳定。此时电动助力制动系统的制动液流向及部件工作状态如图 2.37 所示。

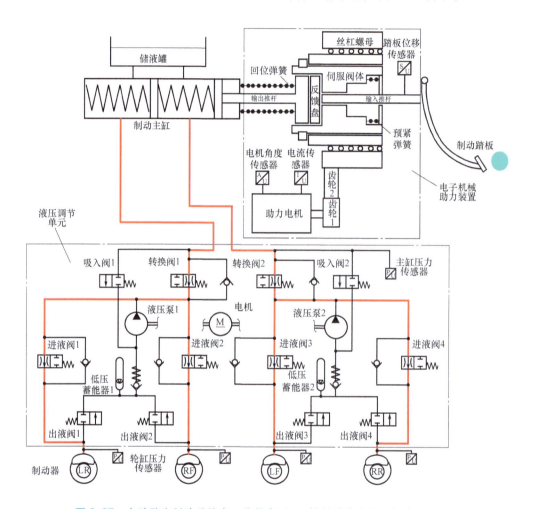

图 2.37　电动助力制动系统在工作状态（4）的制动液流向和部件工作状态

为使液压制动力保持不变，关闭前后轴出液阀，同时维持机械助力，制动液在主缸与轮缸间停止流动，踏板感觉也保持稳定。

5. 失效状态

如图 2.38 所示，当电动助力制动系统出现故障时，电子机械助力装置和液压调节单元均处于初始断电状态，驾驶员踩下制动踏板，制动主缸流出的制动液直接进入前后轴轮缸，轮缸压力随踏板位移的变化而变化，保证汽车的制动安全。由于该构型没有真空助力器，当系统失效时，制动踏板无额外助力。

第2章 制动能量回收系统方案

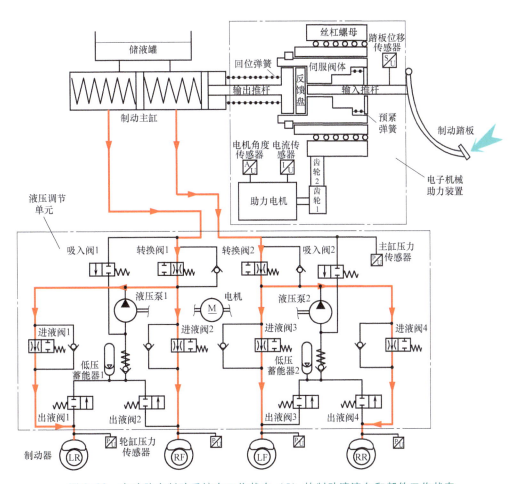

图 2.38 电动助力制动系统在工作状态（5）的制动液流向和部件工作状态

 2.2 制动能量回收系统软件方案

2.2.1 系统功能架构

为了在汽车制动时实现能量回收，在系统硬件的基础上，系统软件应包含回收能力计算、制动意图识别、制动力分配、稳定性协调控制、电机制动力控制和制动压力控制等功能。本节仅对各功能模块的整体架构做简要介绍，具体到各功能模块的工作原理与设计方法，将在后续章节进行详细分析论述。

图 2.39 所示为制动能量回收系统功能架构示意图，其软件功能架构分为三层：感知层、逻辑层和执行层，感知层主要包括回收能力计算和制动意图识别模块，回收能力计算和制动意图识别模块接收经过信号处理的踏板位移、制动压力、电机转速等

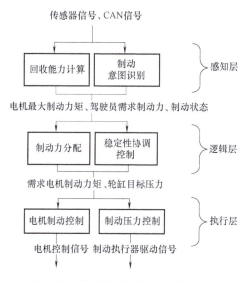

图 2.39 制动能量回收系统功能架构

信号,给逻辑层输出电机最大制动力矩、驾驶员需求制动力和驾驶员制动状态。

主控逻辑层主要有制动力分配和稳定性协调控制模块,逻辑层接收来自感知层的信息,常规制动时由制动力分配模块进行电机与液压制动力的分配,当车辆触发防抱死及车身稳定性控制系统时,由稳定性协调控制模块进行电机与液压制动力的分配,二者均给执行层输出目标电机制动力矩与目标轮缸压力。

执行层负责电机与制动执行器的驱动,其接收来自主控逻辑层的信号,输出电机与制动执行器的控制信号,实现电机与液压制动力的精确控制。

2.2.2 控制器逻辑架构

确定制动能量回收系统功能架构后,需要将各功能模块分配到控制器中,这就涉及控制器逻辑架构的设计。控制器逻辑架构是指各功能模块在不同控制器间的分布及控制器之间的接口和通信定义等。制动能量回收系统是电机制动系统和液压制动系统的集成,涉及多控制器、多传感器和多执行器的协调问题,因此必须明确控制系统的逻辑架构。

目前针对多控制器协调控制问题,有三种常见的系统架构来解决,分别为集中控制架构、监督控制架构和分布式(并行)控制架构[1]。

在集中控制架构中,集中控制器对所有的控制命令进行计算并分配给各个执行机构,如图 2.40a 所示。集中控制器对控制算法的各功能模块进行高度集成,优点是设计初始阶段即可对算法做出全面考虑,不存在通信导致的算法延迟;其不足之处在于算法设计的灵活性较差,对微控制器性能要求较高,软件开发和维护的成本也较高,不利于升级优化。目前汽车电子控制系统开发中该架构较少被采用[2-3]。

监督控制架构是介于集中控制架构和分布式控制架构之间的一种形式，如图2.40b所示，通过在原有执行机构控制器的基础上增加监控层的控制器来对各子控制器的输出进行协调。在这种架构中，各子控制器可以单独设计，便于子系统的维护升级和优化开发；缺点是控制器通信的可靠性要求较高，子系统之间的开放程度会影响协调控制的效果[4]。

分布式控制架构中各控制器通过通信交换数据，并在各控制器内部设置相关算法来解决相互之间的协调问题，如图2.40c所示。该架构适用于需协调的控制器数量较少的情况，如果需协调的控制器数量过多，则各控制器内部的协调算法会过于复杂，因此一般不适用于控制器较多的系统[5]。

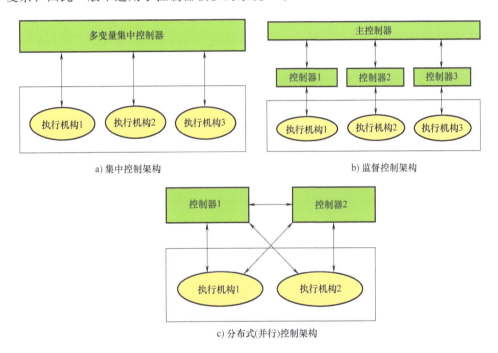

图2.40 常见的系统控制架构

目前，新能源汽车的动力总成系统多采用监督控制架构，整车控制器作为协调各子控制器的主控制器，包括电机、动力蓄电池以及电动附件等都由整车控制器进行统一控制。但各子系统自己的控制器又能够完成如状态估计、故障检测和执行控制等功能算法。各控制器之间通过局域网络（CAN）总线进行实时通信。但是，无论是传统汽车还是新能源汽车，其制动控制器与其他控制器不同，由于它负责车辆的主动安全控制，因此优先级最高。目前国内外的各种新能源汽车，其整车控制器与制动控制器大多保持并行关系，即出现汽车失稳或车轮抱死情况，制动控制器将取代整车控制器成为主控制器，如图2.41所示，可视为监督架构与分布式架构相结合的一种控制方案。

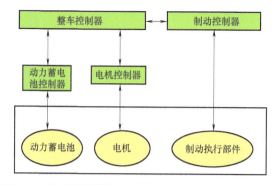

图 2.41 整车控制器与制动控制器并行的系统控制架构

传统的防抱死与稳定性控制中，不涉及制动控制器与整车控制器之间关于执行机构的协调。但是，一旦加入电机的再生制动力，则涉及电机与制动执行部件之间的协调，以及制动能量回收相关功能模块的位置问题。

根据上节对功能架构的描述，制动能量回收系统软件包括制动意图识别、回收能力计算、制动力分配、稳定性协调控制、电机制动力控制与制动压力控制模块。在上述模块中，回收能力计算模块需要根据电机与动力蓄电池控制器传递的状态信息综合计算电机最大制动力矩，因此其一般位于整车控制器中；电机制动力控制与制动压力控制模块涉及底层执行部件的控制，一般位于电机控制器和制动控制器中；而对于制动意图识别、制动力分配以及稳定性协调控制模块（RBS 模块），其既可以位于整车控制器中，也可以位于制动控制器中，两种逻辑架构形式各有如下优劣。

1）如果 RBS 模块在整车控制器中，则属于监督控制架构，如图 2.42 所示，制动控制器作为整车控制器的子控制器，执行制动压力精确控制的任务。目前国内外的制动执行部件及制动控制器供应商均为零部件企业，而整车控制器又是整车企业的核心技术，因此，该方案面临的问题是整车控制器与制动控制器之间的通信开放

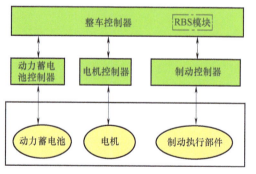

图 2.42 RBS 模块在整车控制器中的控制架构

程度。对于串联制动能量回收系统构型，其涉及液压制动力控制的算法要远多于电机制动力控制的算法，需要与制动控制器进行大量的信息通信，一方面涉及制动执行部件的核心控制参数，另一方面加大了 CAN 总线的通信负荷，因此，串联构型采用监督控制架构的较少。并联构型由于常规制动时液压制动力不能电控调节，仅在车轮抱死和车辆失稳状态下进行液压制动力控制，因此，并联构型无须与制动控制器进行大量通信，多采用监督控制架构。

2）如果 RBS 模块在制动控制器中，则属于监督与分布式相结合的控制架构。如图 2.43 所示，制动控制器发送电机的制动指令，由整车控制器进行仲裁后执行。该方案便于制动系统供应商与整车企业之间的联合开发，同时，CAN 总线的通信负荷也会大幅降低。

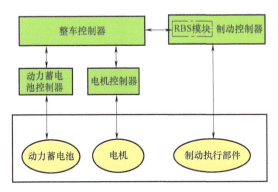

图 2.43　RBS 模块在制动控制器中的控制架构

参 考 文 献

[1] GORDON T, HOWELL M, BRANDAO F. Integrated control methodologies for road vehicles [J]. Vehicle System Dynamics, 2003, 40 (1-3)：157-190.

[2] NAGAI M, YAMANAKA S, HIRANO Y. Integrated control of active rear wheel steering and yaw moment control using braking forces [J]. Transactions of the Japan Society of Mechanical Engineers, 1998, 64：2132-2139.

[3] YOU S S, CHAI Y H. Multi-objective control synthesis：an application to 4WS passenger vehicles [J]. Mechatronics, 1999, 9 (4)：363-390.

[4] GORDON T J. An integrated strategy for the control of a full vehicle active suspension system [J]. Vehicle System Dynamics, 1996, 25 (S1)：229-242.

[5] DUFFIE N A, CHITTURI R, MOU J I. Fault-tolerant heterarchical control of heterogeneous manufacturing system entities [J]. Journal of Manufacturing Systems, 1988, 7 (4)：315-328.

第 3 章

制动执行部件机理分析

在制动能量回收时，新能源汽车需要对制动能量回收系统的执行部件进行控制，以实现踏板感觉的模拟和对目标液压制动力和电机制动力的跟随。根据前两章对制动能量回收系统的描述，制动能量回收系统包含再生制动系统和液压制动系统两部分，其中液压制动系统中涉及能量回收的关键执行部件有踏板感觉模拟器、电磁阀等，再生制动系统的执行部件则为驱动电机。

本章着重对上述液压制动系统关键执行部件进行工作机理分析，以便于读者更好地理解液压制动系统的工作特性和控制方法。对于再生制动系统的工作机理，将在本书第 7 章结合电机控制方法进行介绍，本章不做赘述。

3.1 踏板感觉模拟器

顾名思义，踏板感觉模拟器的作用是模拟传统制动系统的踏板感觉，对驾驶员制动输入产生同质反馈，即保留了传统液压制动系统的踏板力与位移的关系。串联制动能量回收系统需要实现制动轮缸与主缸的压力解耦，因此需要踏板感觉模拟器来容纳主缸排出的制动液，并形成液压力反馈出常规制动的踏板感觉。

由于踏板感觉模拟器是液压制动系统的容性元件，其制动压力的建立表现出很强的一致性，即制动压力 P 与进入的制动液体积 V 密切相关。基于这样的关系，选取不同的模拟器参数，模拟器会具有不同的 $P\text{-}V$（压力-体积）特性，串联系统也会因此产生不同的踏板感觉。

以第 2 章所述的单轴解耦构型为例，制动能量回收系统工作时，其主缸前腔与前轴轮缸断开，主缸前腔制动液几乎全部进入踏板感觉模拟器中，因此踏板感觉模拟器应该具有与前轴轮缸相似的 $P\text{-}V$（压力-体积）特性。

图 3.1 所示为一种典型的轮缸 $P\text{-}V$ 特性，可见 $P\text{-}V$ 特性曲线大致可以分为以下两段区域。

1）非线性区域：轮缸压力处于低压区，P-V 特性曲线呈非线性特性。
2）线性区域：轮缸压力处于高压区，P-V 特性曲线近似线性。

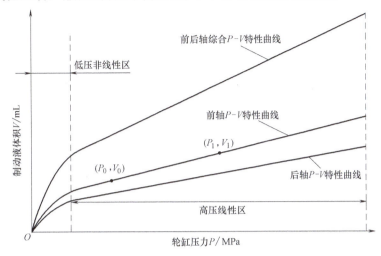

图 3.1 制动轮缸 P-V 特性曲线示意图

根据上述分析，制动轮缸的 P-V 特性并不是绝对线性的，踏板模拟需要进行变刚度设计。图 3.2 所示为一种典型的踏板感觉模拟器结构，模拟器由活塞、弹簧 1、中间活塞、弹簧 2、橡胶块和模拟器缸体等组件构成。

踏板感觉模拟器通过两个不同刚度的弹簧反馈踏板力，并且两段弹簧的工作间隙构成了踏板感觉模拟器的两个工作阶段。在第一阶段，制动液从主缸流入踏板感觉模拟器中，压缩弹簧 1 与弹簧 2，两个弹簧串联，对应轮缸的低压区 P-V 特性，此时流入液体较多，但是反馈力较小，持续压缩弹簧，工作间隙 1 与工作间隙 2 同时变小，直至完全克服工作间隙 1，该模拟阶段结束；在第二阶段，踏板开度继续变大，该阶段仅压缩弹簧 2，对应轮缸高压区的 P-V 特性。

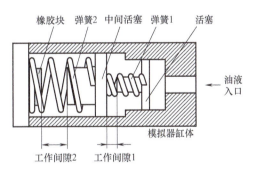

图 3.2 踏板感觉模拟器的结构示意图

当模拟器工作在初始低压区时，其内部压力可以表示为：

$$P = \frac{4K_1K_2L}{(K_1+K_2)\pi d_1^2}$$

$$0 \leq L \leq L_1\left(\frac{K_1+K_2}{K_2}\right)$$

(3.1)

式中，P 为模拟器内部压力（制动系统中压力多指压强，下同），单位为 Pa；K_1 为模拟器弹簧 1 的刚度，单位为 N/m；K_2 为模拟器弹簧 2 的刚度，单位为 N/m；L 为活塞工作行程，单位为 m；L_1 为工作间隙 1，单位为 m；d_1 为活塞直径，单位为 m。

当模拟器工作在高压线性区时，其内部压力可以表示为：

$$P = \frac{4K_2(L-L_1)}{\pi d_1^2}$$

$$L_1\left(\frac{K_1+K_2}{K_2}\right) < L \leq (L_1+L_2) \tag{3.2}$$

式中，L_2 为工作间隙 2，单位为 m。

根据模拟器结构可知，模拟器进液体积 V 为：

$$V = \frac{1}{4}\pi d_1^2 L$$

$$0 \leq L \leq (L_1+L_2) \tag{3.3}$$

结合式（3.1）~式（3.3），踏板感觉模拟器的 P-V 特性为：

$$P = \frac{16K_1K_2V}{(K_1+K_2)\pi^2 d_1^4}$$

$$0 \leq V \leq \frac{\pi d_1^2(K_1+K_2)L_1}{4K_2}$$

$$P = \frac{16K_2V - 4K_2L_1\pi d_1^2}{\pi^2 d_1^4} \tag{3.4}$$

$$\frac{\pi d_1^2(K_1+K_2)L_1}{4K_2} < V \leq \frac{\pi d_1^2(L_1+L_2)}{4}$$

根据式（3.4），踏板感觉模拟器的 P-V 特性与 K_1、K_2、d_1、L_1、L_2 等参数有关，通过调节上述参数，踏板感觉模拟器可模拟任意 P-V 特性。

3.2 电磁阀

根据第 2 章对系统构型的分析，液压制动力的控制需要多个电磁阀配合工作，尤其是串联制动能量回收系统。首先，制动主缸与轮缸压力解耦，需要电磁阀来切断主缸与轮缸之间的液压通道。其次，轮缸压力的精确调节需要电磁阀来精准控制流入轮缸内的液体体积。因此总结出两类电磁阀需求：一类电磁阀是用于切断或连通液压回路的，称之为开关阀；另一类电磁阀用于控制制动液的瞬时流量，称之为线性阀。从根本上讲，电磁阀是调节液压系统流阻的关键控制元件。为了正向开发压力调控方法，下面首先介绍电磁阀的工作机理。

3.2.1 线性阀

线性阀又称比例阀，是一种流量连续可控的电磁阀。控制其阀口流量大小可调节轮缸的压力变化率，阀口瞬时流量与阀口开度以及阀口两侧压力差相关，根据伯努利方程可知：

$$q = C_d A \sqrt{\frac{2\Delta p}{\rho}} \tag{3.5}$$

式中，q 为阀口体积流量，单位为 m^3/s；C_d 为流量系数；A 为阀口节流面积，即阀口开度，单位为 m^2；Δp 为阀口两侧压差，单位为 Pa；ρ 为制动液密度，单位为 kg/m^3。

线性阀的流量控制实质是对阀口开度的控制，且唯一的控制量为阀芯的电流。一般来说，此类电磁阀的电流可调节的范围比较宽，且与电磁阀的开度具有一定的对应关系。根据电流为零时阀口的开合状态，线性阀可分为常开线性阀和常闭线性阀。下面将基于电磁阀结构着重分析电流变化对电磁阀流量控制的影响。

3.2.1.1 常开线性阀

图 3.3 所示为一种典型的常开线性阀的结构，主要组件包括隔磁管、轭铁、动

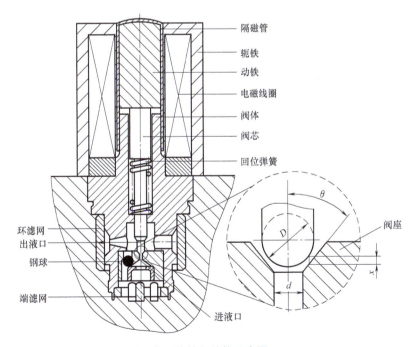

图 3.3 常开线性阀结构示意图

铁、电磁线圈、阀体、阀芯、阀座、回位弹簧、环滤网、端滤网和钢球等[1]。其中隔磁管使用磁阻材料（如铝或塑料），并完全包络动铁；阀体使用软磁材料（如不锈钢）；阀芯使用磁阻材料，为防止腐蚀并保证一定强度，一般采用硬质塑料。如此结构设计可改变电磁场的磁感线走向，以实现如下的电磁阀控制效果。

图 3.3 中局部放大部分为阀口情况，阀口开度与阀芯的位移 x 有关，进一步分析阀口，如图 3.4 所示，实线是阀口开启状态，虚线为阀口关闭状态。阀口开启时，制动液由孔口流经阀芯球头与锥面间的空隙流入阀内，阀口开度即为阀口的有效节流面积。

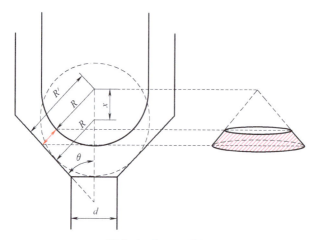

图 3.4 阀口示意图

球阀结构下，有效的节流面积 A 为圆锥侧面积的一部分，计算方法如下：

$$A(x) = \pi\left[(R+x\sin\theta)^2 - R^2\right]\cos\theta = \frac{\pi}{2}x^2\sin(\theta)\sin(2\theta) + \pi x R\sin(2\theta) \quad (3.6)$$

式中，x 为阀芯位移，单位为 m；R 为阀芯球头半径，单位为 m；θ 为阀座夹角，单位为 rad。

根据式（3.6），节流面积是关于阀芯位移的单调递增函数，而阀芯的位移是受几何尺寸限制的，且当阀口节流面积超过阀孔面积时，起主要节流作用的是阀孔。由于阀芯有效位移 x 远小于阀芯球头半径 R，因此式（3.6）中二次项的值远小于一次项，阀口节流面积与阀芯位移表现出很好的线性度，如图 3.5 所示。

综合上述分析，阀口开度的控制实质为阀芯位移的控制。下面将分析如何控制电磁阀电流以实现阀芯位移的控制。

电磁阀线圈通电时，动铁在电磁力的作用下推动阀芯克服弹簧力和液压力向下运动，使阀芯球头与阀座锥面接触，实现阀口关闭；线圈断电后，阀芯在回位弹簧的作用力下与阀座分离，阀口恢复开启状态。下面通过力学分析解释阀口开启关闭的动态过程。

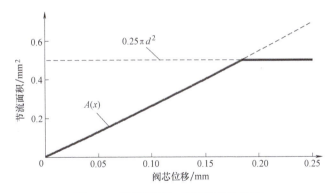

图 3.5　节流面积与阀芯位移的关系

阀芯运动状态是动铁的推力（动铁受到的电磁力）、弹簧的弹力、阀芯孔壁的摩擦力、阻尼力及制动液压力的共同作用效果，阀芯受力如图 3.6 所示。

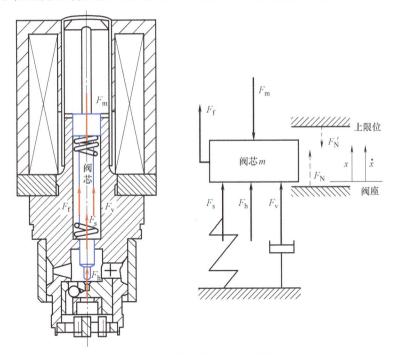

图 3.6　阀芯受力分析示意图

阀芯的运动平衡方程如下[2]：

$$m\ddot{x} = F_m - F_h - F_s - F_f - F_v \tag{3.7}$$

式中，F_m 为电磁力，单位为 N；F_s 为弹簧力，单位为 N；F_h 为液压力，单位为 N；F_f 为摩擦力，单位为 N；F_v 为阻尼力，单位为 N。

摩擦力和阻尼力与阀芯位移无关，此二力需要通过设计保证其数量级远小于电磁力、弹簧力和液压力，从而忽略摩擦和阻尼对阀芯运动的影响。在其余三力中，电磁力为控制量,弹簧力和液压力是状态量。其中,弹簧力与阀芯位移呈线性关系,不做赘述。下面着重分析液压力和电磁力的影响因素。

1. 液压力分析

对线性阀进行控制时,非常关注液压力是否会受阀芯位置的影响。首先,阀口两侧的压力差会对阀芯产生静压,若阀芯位置变化不会引起受压面积变化,则认为静压不受阀芯位置变化的影响。其次,阀芯的球头与阀座之间存在间隙(阀口未完全关闭)时,制动液的流动会造成动压(又称液动力)。当阀芯的球头完全抵在阀座上(阀口完全关闭)时,液体流动被切断,液动力消失,此时阀芯会受到阀座的支持力 F_N。

由于阀芯外形呈轴对称,阀芯受到的液压力在径向的分力抵消后的残余部分与阀体提供的支持力平衡,此力使得阀芯在运动过程中与阀体产生摩擦力。由于液压力在径向的残余力比较小,在阀芯受力分析时忽略此力及摩擦力的影响。阀芯在轴向(工作方向)所受的分力为[3]:

$$F_h = F_d + F_{hf} \tag{3.8}$$

式中,F_d 为静压力,单位为 N;F_{hf} 为液动力,单位为 N。

(1) 静压力 F_d

阀口两侧制动液的压力差会在阀芯上产生静压力。静压力的大小与压力差和阀芯的有效受力面积成正比:

$$F_d = \Delta p A(x) \tag{3.9}$$

(2) 液动力 F_{hf}

液动力是液体流经阀口时,由于流动方向和流速的变化(动量变化)引起的导致阀口趋于关闭的力[4]。可以认为液体流动引起压力变化。液动力是流量、阀芯位移和阀芯速度的函数,表达式如下:

$$F_{hf} = f(q, x, \dot{x}) \tag{3.10}$$

要获得阀芯液动力的计算方法,需对阀口的流量特性进行分析。流经阀口的油液液流的动量 P_{mon} 计算方法如下:

$$P_{mon} = \rho q L_{stiff} \tag{3.11}$$

式中,ρ 为制动液密度,单位为 kg/m³;L_{stiff} 为阀口的阻尼长度,单位为 m,与阀口的瞬时体积流量 q、开度和压差 Δp 有关[5]。

将瞬时体积流量 q 关系式 (3.5) 代入式 (3.11) 可以得到油液液流的动量:

$$P_{mon} = \rho q L_{stiff} = \rho C_d A \sqrt{\frac{2\Delta p}{\rho}} L_{stiff} = \rho C_d \pi R \sin(2\theta) \sqrt{\frac{2\Delta p}{\rho}} x L_{stiff} \tag{3.12}$$

式 (3.12) 求导得到:

$$F_{hf} = \pi \rho L_{stiff} C_d R \sin(2\theta) \left[x \Delta \dot{p} \sqrt{\frac{1}{2\rho \Delta p}} + \dot{x} \sqrt{\frac{2\Delta p}{\rho}} \right] \tag{3.13}$$

因此，液动力可分为稳态和瞬态两部分进行分析。前者是假定阀芯不动（$\dot{x}=0$），从阀口流出的制动液造成压差变化而引起的对阀芯的反作用力，阀芯位置不同，对应的阀口开度也不同，阀芯受到的稳态液动力也就不同；后者是阀芯在移动过程中（$\dot{x}\neq 0$），阀腔中液流因阀芯运动而作用在阀芯上的力，与阀芯运动速度相关，可看作是阀芯运动的阻尼力。瞬态液动力较小，特别是线性阀控制时的阀芯位移速度较小，并不成为影响阀芯运动的主要因素，可以将液动力理解为在有流阻的环境下，液体流动引起压力变化。

2. 电磁力分析

根据麦克斯韦应力法，电磁力的大小计算如下[6]：

$$F_m = \frac{\phi^2}{2\mu_0 A} = \frac{B^2}{2\mu_0} A_{air} \tag{3.14}$$

式中，ϕ 为工作气隙的磁通，单位为 Wb；μ_0 为真空的磁导率，单位为 H/m；A_{air} 为工作气隙的极面积，单位为 m^2；B 为工作气隙处的磁感应强度，单位为 T。

工作气隙处的磁感应强度计算如下[7]：

$$B = \frac{NI}{\delta}\mu_0 \tag{3.15}$$

式中，N 为线圈匝数；δ 为气隙长度，单位为 m。

若不考虑漏磁，工作气隙大小与动铁的位置有关，从而揭示了电磁力变化的机理，铁磁材料越靠近磁铁，所受的电磁力越大。将式（3.15）代入式（3.14）得

$$F_m = \frac{(NI)^2}{2\delta^2}\mu_0 A_{air} = \frac{\mu_0 A_{air} N^2 I^2}{2(l+x)^2} = f(I, x) \tag{3.16}$$

式中，l 为最小主工作气隙，单位为 m；x 为阀芯位移，单位为 m。

根据式（3.16）可知，电磁力是阀芯位移和线圈电流的函数。动铁所受电磁力与线圈电流、阀芯位移之间的关系曲面，如图 3.7 所示。线性电磁阀希望能够设计出严格的电流与电磁力的线性关系，但是工程实践时要考虑结构的紧凑性，会出现一定的非线性，使得控制变得复杂。

综上分析得到如下结论。

1）阀芯位移同时影响阀芯（含动铁）所受的电磁力、液压力和弹簧力的大小。

2）弹簧力与阀芯位移具有线性关系，液压力的大小与阀口两侧的压差及阀芯位移密切相关，电磁力则受线圈电

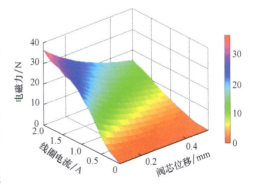

图 3.7 电磁力-线圈电流-阀芯位移的关系

流、阀芯的位移大小影响。

3. 阀芯运动状态分析

至此,我们知道电磁力是调节阀芯位移的控制量,同时电磁力大小受阀芯位移的影响,控制过程受其状态影响而变得尤为复杂。在阀芯运动平衡方程中,电磁力为自变量,其大小可通过调整电磁线圈的电流进行控制;液压力和弹簧力为因变量,其大小需结合阀口状态进行分析。根据阀口开度将阀口状态分为三种:完全关闭、完全开启和部分开启。下面进一步分析三种状态下如何通过控制线圈电流进行阀芯的运动状态控制。

(1)完全关闭状态

当阀芯关闭时,阀芯的位移 $x=0$,速度 $\dot{x}=0$,阀芯受力关系为:

$$F_h(\Delta p,0)+K_s(S_0+x_{max})+F_N-F_m(I,0)=0 \quad (3.17)$$

式中,K_s 为弹簧刚度,单位为 N/m;S_0 为弹簧预紧位移,单位为 m;x_{max} 为阀芯完全开启的位移,单位为 m;$F_h(\Delta p,0)$ 为阀芯受到的液压力,单位为 N。

阀芯受到的液压力计算如下:

$$F_h(\Delta p,0)=\pi(R\cos\theta)^2\Delta p \quad (3.18)$$

阀芯处于关闭状态时,$F_N \geq 0$,即满足 $F_m(I,0)-K_s(S_0+x_{max})-F_h(\Delta p,0) \geq 0$,若常开线性阀阀口两端的压差不变,则需要提供一个电磁力,使其大于等于静压力与弹簧力的合力,因此可以得到一个最小的闭合电流 I_{min} 使得 $F_N=0$。

(2)部分开启状态

如果线圈的电流小于 I_{min},则 $F_m(I,0)<K_s(S_0+x_{max})+F_h(\Delta p,0)$,此时阀芯受力平衡被打破,阀芯运动试图寻找另一个平衡点,阀芯的动力学方程如下:

$$m\ddot{x}=F_h(\Delta p,x)+K_s(S_0+x_{max}-x)-F_m(I,x) \quad (3.19)$$

(3)完全开启状态

阀芯处于极限位置,阀口开启程度最大,阀芯位移 $x=x_{max}$,此时动铁还可能受到隔磁管的支持力 F'_N,阀芯的力平衡方程:

$$F_m(I,x_{max})+F'_N-F_h(\Delta p,x_{max})-K_s S_0=0 \quad (3.20)$$

因此为使得进液阀保持完全开启状态,需满足 $F_h(\Delta p,x_{max})+K_s S_0 \geq F_m(I,x_{max})$,电磁阀线圈断电即可。

至此,我们分析了轮缸压力-阀口流量-电磁力-电流的关系推演,得出了线性常开电磁阀实现压力调控的基本原理。实际控制中,压差可测,而位移难量,机理分析仅是说明压力线性控制的可行性,实际控制实施时,将利用线性控制原理去设计特性实验来获得线性控制方法。

此外,电流连续控制的实现方法也需要重点关注。电流的响应速度和精度直接影响电磁力的控制效果,而线圈为感性电器元件,其电流 I 对线圈端电压 U 的响应遵循下式:

$$L\frac{dI}{dt}+RI=U \quad (3.21)$$

式中，L 为线圈电感，单位为 H；R 为线圈电阻，单位为 Ω。

对于有铁心的电磁线圈，铁心的材料和位置对线圈的电感影响明显[8]。电磁阀的动铁相当于线圈的铁心，线圈通电产生的磁场促使动铁移动，使得铁心与线圈的相对位置发生变化，线圈的电感也因此发生变化，因此电流的实际响应过程还会受电感变化的影响：

$$L\frac{dI}{dt}+I\frac{dL}{dx}\dot{x}+RI=U \quad (3.22)$$

因为实际控制时无法确定动铁的实际位置和速度，线圈电流的响应时间常数不宜从理论分析得出，一般由试验获取。而且实际控制时为了获得较快的阀芯响应，一般使用较大的初始电压输入来快速获得较大的电流。

3.2.1.2 常闭线性阀

图 3.8 所示为一种典型的常闭线性阀结构，主要组件包括回位弹簧、隔磁管、阀座、动铁、阀体和线圈等[1]，其中动铁同时充当电磁阀的阀芯。

常闭线性阀与常开线性阀相比，结构设计存在两处明显差异，导致阀的功能差异。其一，回位弹簧的位置不同，常闭线性阀的回位弹簧作用效果为将阀芯压向阀座，弹簧力与液压力方向相反。因此，为避免液压力过大而把阀芯顶开，弹簧力和弹簧刚度较大，液压力数量级相对较小。其二，隔磁管差异，常闭线性阀的电磁力需要用于克服回位弹簧力，因此隔磁管上端开放，让阀体暴露于磁场而更接近线圈。

常闭线性阀在不通电状态下，阀芯在弹簧弹力的作用下压合到阀座上处于关闭状态；通电后，线圈产生足够大的电磁力以克服弹簧弹力，使阀口开启；线圈断电后，在弹簧弹力的作用下，阀口恢复为关闭状态。

常闭线性阀阀芯受力分析如图 3.9 所示，通电后常闭线性阀受到电磁力 F_m、弹簧弹力 F_s、阀口两端的液压力 F_h、运动过程中的制动液黏性阻力 F_v 以及机械摩擦力 F_f 的作用。

阀芯运动平衡方程如下：

$$m\ddot{x}=F_m+F_h-F_s-F_f-F_v \quad (3.23)$$

制动液黏性阻力 F_v 和机械摩擦力 F_f 相比电磁力 F_m 和液压力 F_h 来说较小，因此在后文分析中忽略这两个力的影响。由式（3.16）可知，电磁力与线圈电流和阀芯位移有关，即 $F_m(I,x)$。由式（3.9）和式（3.13）可知，液压力与阀口两端压差和阀芯位移有关，即 $F_h(\Delta p,x)$。弹簧弹力正比于阀芯位移，即 $K_s(x)$。故式（3.23）可以表示为：

$$m\ddot{x}=F_m(I,x)+F_h(\Delta p,x)-K_s(S_0+x) \quad (3.24)$$

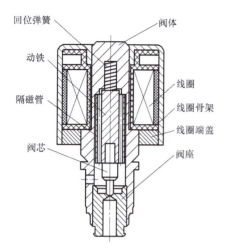

图3.8 常闭线性阀结构示意图

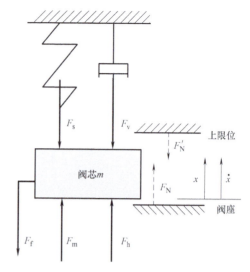

图3.9 常闭线性阀阀芯受力分析

同常开线性阀类似，常闭线性阀阀口也存在三种不同的工作状态：阀口完全关闭、阀口部分开启和阀口完全开启。通过控制线圈电流，获取不同电磁力，可以实现不同阀口状态的控制；阀口状态不同时，阀芯受力情况也不尽相同，需要分别进行分析。阀口关闭时，液动力变为零，但是阀芯会受到阀座的支持力 F_N 的作用，阀口前后的压差使得阀芯受到静压力的作用。由式（3.24）可以看出，电磁力、弹簧弹力以及液动力都与阀芯位移相关。弹簧弹力与阀芯位移之间的线性关系是一定的，电磁力与液动力变化则较为复杂，受到电流、阀口压差以及阀芯位移的影响，呈现非线性变化。控制阀时，需要通过控制电磁阀线圈电流主动调节电磁力的大小，弹簧弹力与液动力跟随变化。针对三种不同工作状态，受力分析如下。

1）完全关闭状态：阀口完全关闭，阀芯位移 $x=0$，阀芯位于阀体上，受到阀体的支持力 F_N 的作用。有如下平衡方程：

$$F_m(I,0)+F_h(\Delta p,0)-K_s S_0+F_N=0 \tag{3.25}$$

阀口处于关闭状态时，$F_N \geq 0$，即满足 $K_s S_0-F_h(\Delta p,0)-F_m(I,0) \geq 0$，若保持阀口两侧压差不变，存在一个最小的电磁力使其与弹簧弹力和静压力平衡，即可以获得与之对应的最小电流 $I_{\min}$ 使得 $F_N=0$。

2）部分开启状态：如果线圈电流大于 $I_{\min}$，则有 $F_m(I,0)>K_s S_0-F_h(\Delta p,0)$ 成立，此时阀口平衡被打破，弹簧弹力、液压力以及液动力发生变化，重新寻找新的平衡点，有如下平衡方程：

$$m\ddot{x}=F_m(I,x)+F_h(\Delta p,x)-K_s(S_0+x) \tag{3.26}$$

3）完全开启状态：阀芯开口达到极限位置（一般地，未达到极限位置前，阀口已经完全开启），假设阀芯完全开启点的位移 $x=x_{\max}$，此位置可能存在隔磁管的

支持力 F'_N 的作用,有如下平衡方程:

$$m\ddot{x} = F_m(I, x_{max}) + F_h(\Delta p, x_{max}) - F'_N - K_s(S_0 + x_{max}) \tag{3.27}$$

3.2.2 开关阀

开关阀主要用于实现液压回路的通断,能实现全开或全闭的控制状态即可。同样,开关阀也分为常开和常闭两类。

3.2.2.1 常开开关阀

图 3.10 所示为一种典型常开开关阀的结构示意图,其由动铁、电磁线圈、弹簧、阀座等构成。其中,阀芯由动铁及嵌在动铁内的硬质塑料组成。因为常开的需求,弹簧力作用效果需设计为使阀芯远离阀口。弹簧的刚度及弹簧力的设计需要考虑开关的响应速率,一般地,为保证闭合响应快,弹簧刚度和弹簧力较小。此种设计下,液体的流向需保证液压力与弹簧力同方向,将阀芯压向远离阀座一端,避免液压力将阀口压合而阻断液体流动。解除制动时,液体回流将阀芯压向阀座,使得流通面积变小,影响制动液回流的速度。因此,这种常开阀结构不利于制动压力的快速解除,为此可以旁通一个单向阀,仅允许制动液从轮缸流回主缸,从而解决常开开关阀造成的制动液回流迟滞问题。

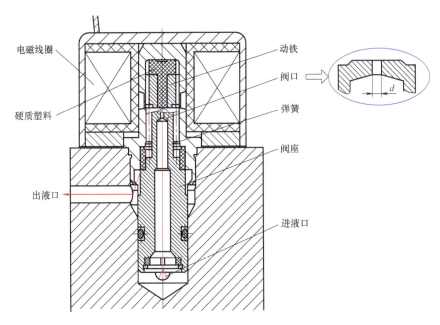

图 3.10 常开开关阀结构示意图

图 3.11 所示为常开开关阀的阀芯受力示意图,电磁线圈通电后,动铁受电磁力作用,克服弹簧力和液压力,向下运动,并最终把塑料挤压在阀口的端面上,后者受压形变实现密封。

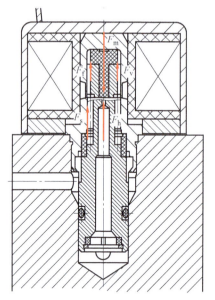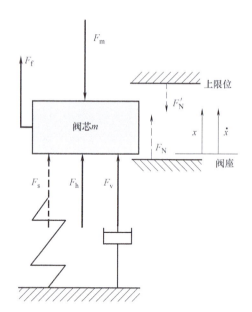

图 3.11　常开开关阀阀芯受力示意图

3.2.2.2　常闭开关阀

图 3.12 所示为一种典型常闭开关阀的结构示意图，其由定铁、弹簧、动铁、隔磁管、阀体、阀座、环滤网等构成，其中隔磁管把定铁固定在阀口的远端，动铁充当常闭开关阀的阀芯。

自由状态下，弹簧的预紧力使得阀芯抵住出液口，使阀口关闭。在正常工作环境中，常闭开关阀的进液口压力高于出液口，阀芯所受的液压力会使阀芯压紧在阀口上，压差越大，密封越好。

根据图 3.13 所示的常闭开关阀受力示意图，其阀芯运动方程为：

$$m\ddot{x} = F_m - F_s - F_h - F_f - F_v \quad (3.28)$$

弹簧力、摩擦阻尼力与液压力相比，数量级较小，电磁力主要用于克服液压力。增大电磁阀线圈的电流，使得电磁力大于弹簧力、液压力及摩擦阻尼力的合力后，阀芯向上移动，阀口开启。存在如下过程：

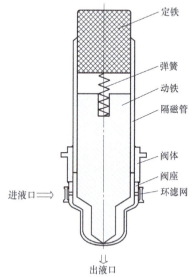

图 3.12　常闭开关阀结构示意图

$$I\uparrow \to F_m\uparrow \to \ddot{x}>0 \to \dot{x}>0 \to x\uparrow \to F_m\uparrow \text{且} F_h\downarrow \to \ddot{x}\uparrow \to \dot{x}\uparrow$$

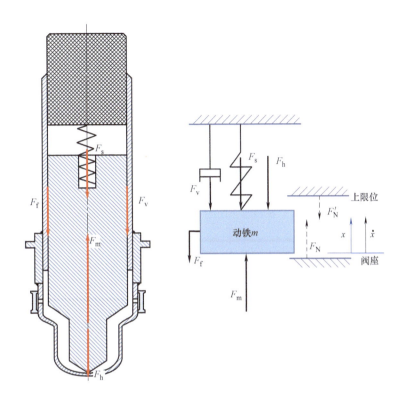

图 3.13 常闭开关阀阀芯受力示意图

在上述过程中,阀芯位移变化存在自激励的现象。制动液的流动造成压力损失和阀口两侧的压差变小,使得阀芯受到的液压力迅速减小,同时阀芯位移增大,致使电磁场的工作气隙变小,阀芯所受的电磁力变大。根据式(3.28),阀芯的加速度会继续增大,使得阀口以更快的开启速度增大,进一步削弱阀芯所受的液压力,而增强电磁力。因此,常闭开关阀的阀芯开启过程非常短暂。

3.3 电机液压泵

电机液压泵在制动能量回收系统中充当压力源的角色,在第 2 章所述的五种串联制动构型中,有四种构型采用电机液压泵作为压力源。当再生制动系统进入主动增压状态时,泵电机将电能转换为机械能,经由液压泵将机械能转换为液压能对轮缸进行增压协调。

汽车制动过程中,液体主动增压范围受到再生制动系统的影响,作用范围较大,要求液压补偿时压力尽可能地快速平稳变化,因此,在电机液压泵选型时,制动能量回收系统通常选用转动惯量较小、响应较快、控制简单的有刷直流电机和柱塞泵作为主动增压机构。

图 3.14 所示为一种典型的有刷直流电机的结构[9-10]。

从结构上看，有刷直流电机主要包括定子与转子两个部分。凸极式结构的永磁铁用弹簧卡箍夹在电机壳体内构成电机定子，铜线绕组缠绕在铁心的凹槽上构成电机转子。转子绕组通电后，在绕组产生的磁场力作用下，带动柱塞泵凸轮轴旋转。

图 3.15 所示为柱塞泵的结构示意图[11]，液压柱塞泵主要由偏心轮、柱塞、进油与出油单向阀组成。密封腔的进油口端盖、进油口回位弹簧与柱塞头部的阀座构成进油单向阀；出油口阀芯阀座与出油口回位弹簧构成出油单向阀。因为液体不可压缩，在制动液充足的情况下，泵油量与泵电机转速成正比。

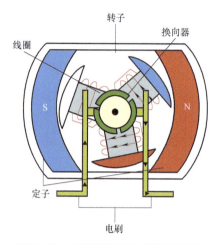

图 3.14　有刷直流电机结构示意图

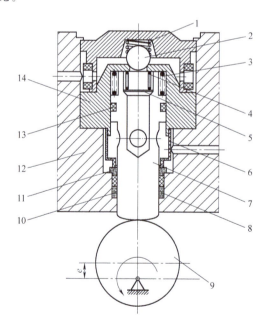

图 3.15　柱塞泵结构示意图

1—出油阀弹簧　2—出油阀钢球　3—回位弹簧　4—进油阀弹簧
5—进油阀盖板　6—滤网　7—柱塞　8—密封圈　9—偏心轮
10—导向垫圈　11—挡圈　12—壳体　13—油封　14—泵体

当系统主动增压时，泵电机两端施加驱动电压为 U，根据电枢电压平衡关系可知：

$$I_a = \frac{U - E - \Delta U}{R_a} \quad (3.29)$$

式中，I_a 为泵电机电流，单位为 A；R_a 为等效电阻，单位为 Ω；ΔU 为电刷压降（通常忽略不计），单位为 V；E 为铜线绕组切割磁通产生的感应电动势，单位为 V。

感应电动势可以根据法拉第电磁定律计算：

$$E = C_e \phi n_{motor} \quad (3.30)$$

式中，ϕ 为磁通量，单位为 Wb；n_{motor} 为泵电机转速，单位为 r/min；C_e 为电动势常数，与磁极对数等结构参数有关。

通电线圈在定子绕组产生固定极性的磁场中受力，电枢输出的电磁转矩可以表示为：

$$T_{em} = K_t \phi I_a \quad (3.31)$$

式中，T_{em} 为泵电机电枢输出的电磁转矩，单位为 N·m；K_t 为泵电机转矩常数。

输出转矩克服空载转矩损失并带动柱塞泵的凸轮部分旋转，有下式关系：

$$T_{em} = T_0 + T_L + J\dot{\omega} \quad (3.32)$$

式中，T_0 为空载损失转矩，单位为 N·m；T_L 为负载转矩，单位为 N·m；J 为泵电机转动惯量，单位为 kg·m²；$\dot{\omega}$ 为角加速度，单位为 rad/s²。

由式（3.29）~式（3.32）可知，当电机液压泵开始主动增压时，泵电机首先通电克服空载损失转矩与液压泵负载，并带动转子加速。由于初期负载较小，电机转速会逐步升高，同时带动泵柱塞做往复运动，进行抽液与排液过程。随着转速的升高，感应电动势会逐渐变大，相应的电流变小，转矩降低，直至负载转矩与输出转矩重新达到平衡。

综上分析，泵电机转速的主要控制方法为调制泵电机两端的电压，在抵消掉线圈感应电动势后，使线圈电流产生的电磁转矩与偏心轮的泵油转矩平衡。

3.4　高压蓄能器

在第 2 章所述的电子液压制动系统中，高压蓄能器为能量转换装置，液压泵工作时，高压蓄能器将液体的液压能转化为势能存储。某一车轮需要增压时，控制相应电磁阀打开后，实现对车轮增压，将势能转化为液压能进行释放。高压蓄能器能为制动系统提供稳定的压力源，保证增压平稳，改善系统噪声、振动。

目前制动系统中常用气液式蓄能器，根据结构可以将气液式蓄能器分为气液直接接触式、活塞式、隔膜式和气囊式四种。电子液压制动系统采用气囊式高压蓄能器，其结构如图 3.16 所示，主要由充气阀、气囊、壳体等组成。气囊和壳体将蓄能器分为两个腔室，气囊内充入惰性气体，一般为氮气，发生泄漏时无毒害；气囊与壳体组成的腔室充入高压液体。这种结构具有容量较大、响应较快、气液密封可靠等优点,因此被广泛应用于液压系统中[12-16]。

其工作原理:当电机带动液压泵进行增压时,将制动液充入高压蓄能器中,使得气囊内体积缩小、液体体积增加,并且达到平衡,完成蓄能器充液阶段。当蓄能器对轮缸进行增压时,制动液减少,气囊体积增加,压力降低,直到达到新的平衡。

假定气囊内的气体为理想气体,并且忽略摩擦损失,高压蓄能器工作过程可以由气体定律描述[17],即

$$P_0 V_0^n = P_1 V_1^n = P_2 V_2^n = C \quad (3.33)$$

式中,P_0 为气囊的充气压力,单位为 Pa;V_0 为气囊充气体积,即蓄能器的容量,单位为 m^3;n 为多变指数,等温过程中 n 的取值为 1,绝热过程中 n 的取值为 1.4,蓄能器工作在充液与增压过程中,按照绝热过程考虑;P_1 为系统最高工作压力,单位为 Pa;V_1 为对应于 P_1 时的气体体积,单位为 m^3;P_2 为系统最低工作压力,单位为 Pa;V_2 为对应于 P_2 时的气体体积,单位为 m^3。

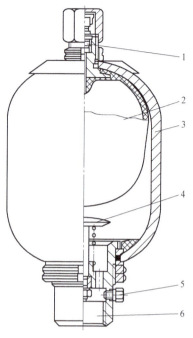

图 3.16 气囊式高压蓄能器结构示意图
1—充气阀 2—气囊 3—壳体 4—菌形阀
5—放气螺塞 6—出油口

根据式(3.33)可以得到蓄能器工作过程中压力-容积(P-V)的变化关系,如图 3.17 所示。

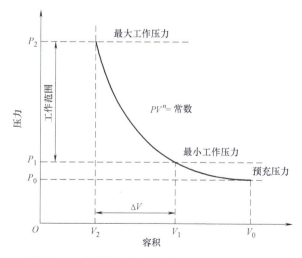

图 3.17 蓄能器工作过程中压力-容积关系曲线

进行参数匹配以及部件选型时，针对不同功能用的蓄能器方法也不同，需要按照系统要求确定上述参数，同时需要考虑工作温度与环境压力对气囊中惰性气体的影响。蓄能器工作压力过高和过低都会影响蓄能器的使用寿命，为使蓄能器具有良好的工作性能，延长其使用寿命，蓄能器压力应该保持在一定范围内[12]。

3.5 电子机械助力装置

在第 2 章所述的有限全解耦构型中，电子机械助力装置起到踏板感觉模拟的作用。如图 3.18 所示，电子机械助力装置由助力电机（无刷直流电机）、减速机构（齿轮 1、齿轮 2 等）、伺服阀体、输入推杆、反馈盘、输出推杆、预紧弹簧、回位弹簧、踏板位移传感器、电机角度传感器和电流传感器构成。根据传动形式的不同，减速机构有蜗轮蜗杆+齿轮齿条、齿轮+滚珠丝杠、行星轮+滚珠丝杠等形式。

图 3.18 所示的减速机构采用齿轮+滚珠丝杠传动，当制动能量回收功能开启时，助力电机通过减速机构，将旋转运动转化为伺服阀体的直线运动。伺服阀体传递的机械助力和输入推杆传递的踏板力共同作用在反馈盘上，随着主缸压力的变化，只要调节机械助力，就能保证踏板感觉的一致性。

对于机械助力的调节，其实就是控制助力电机输出的转矩。为了提高控制精度，电子机械助力装置不采用直接的转矩控制方式，而是通过控制反馈盘变形量间接控制机械助力。

如图 3.19 所示，反馈盘是一种橡胶元件，可以实现机械助力和踏板力的

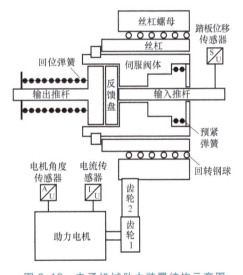

图 3.18 电子机械助力装置结构示意图

耦合，并且随着助力的介入，反馈盘在缓和踏板冲击方面也有重要作用。反馈盘包括主面和副面，再生制动过程中，反馈盘会呈现出三种不同的凸起状态，分别为主面与副面持平、主面超前副面以及副面超前主面。通过工作状态的改变，反馈盘会产生不同的助力效果。

由于反馈盘为橡胶材质，其具有与液体类似的不可压缩特性（内部压强处处相等），因此可以把反馈盘看作两个带回位弹簧的液压缸。图 3.20 所示为反馈盘的简化模型，以反馈盘表面未发生变形时的状态为反馈盘基准面，以反馈盘主面为横截面的部分为圆柱体液压缸，以反馈盘副面为横截面的部分为圆环体液压缸，两个液压缸之间液体自由流通，并且活塞与缸体之间有弹簧连接。

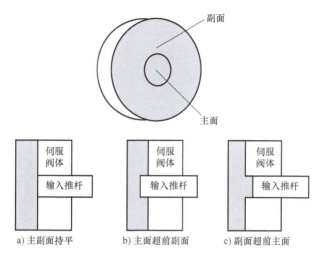

图 3.19 反馈盘结构及工作状态示意图

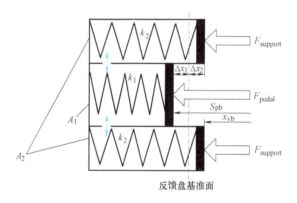

图 3.20 反馈盘简化模型

通过分析,反馈盘存在如下关系式:

$$A_1 \Delta x_1 + A_2 \Delta x_2 = 0 \quad (3.34)$$

$$F_{pedal} = pA_1 + k_1 \Delta x_1 \quad (3.35)$$

$$F_{support} = pA_2 + k_2 \Delta x_2 \quad (3.36)$$

$$\Delta x_2 - \Delta x_1 = x_{vb} - S_{pb} \quad (3.37)$$

式(3.34)~式(3.37)中,A_1 为反馈盘主面面积,单位为 m^2;A_2 为反馈盘副面面积,单位为 m^2;Δx_1 为反馈盘主面相对基准面的位移,单位为 m;Δx_2 为反馈盘副面相对基准面的位移,单位为 m;x_{vb} 为伺服阀体的位移,单位为 m;S_{pb} 为输入推杆的位移,即踏板位移,单位为 m;F_{pedal} 为反馈盘主面受到的踏板力,单位为 N;$F_{support}$ 为反馈盘副面受到的机械助力,单位为 N;k_1 为反馈盘主面刚度,单位为 N/m；k_2 为反馈盘副面刚度，单位为 N/m；p 为反馈盘内部压强，单位为 Pa。

联合式（3.34）~式（3.37），可得：

$$F_{\text{support}} = F_{\text{pedal}} \frac{A_2}{A_1} + (x_{\text{vb}} - S_{\text{pb}}) \frac{k_1 A_1 + k_2 A_2}{A_1(A_1 + A_2)} \qquad (3.38)$$

由式（3.38）可知，机械助力 F_{support} 是踏板力 F_{pedal}、伺服阀体位移 x_{vb} 和踏板位移 S_{pb} 的函数。其中踏板位移可由踏板位移传感器获得，踏板力根据图 2.31 中的踏板位移-踏板力曲线求得，因此通过控制阀体位移 x_{vb}，便能间接控制机械助力 F_{support}。

电子机械助力装置工作时通过一级齿轮传动和二级滚珠丝杠传动将助力电机的旋转运动转化为伺服阀体的直线运动，伺服阀体位移 x_{vb} 可表示为：

$$\begin{aligned} x_{\text{vb}} &= \frac{\theta_L L_s}{2\pi} \\ \theta_L &= \int \frac{\omega Z_1}{Z_L} \mathrm{d}t \end{aligned} \qquad (3.39)$$

式中，θ_L 为丝杠螺母的角位移，单位为 rad；L_s 为丝杠导程，单位为 m；ω 为助力电机的角速度，单位为 rad/s；Z_1 为齿轮 1 的齿数；Z_L 为丝杠螺母端口齿轮的齿数。

电子机械助力装置的助力电机为无刷直流电机，其电机角速度可由下式求得：

$$\begin{aligned} B\omega + J\dot{\omega} &= T_e - T_L \\ T_e &= \frac{e_a i_a + e_b i_b + e_c i_c}{\omega} \end{aligned} \qquad (3.40)$$

式中，B 为助力电机的阻尼系数；J 为助力电机的转动惯量，单位为 $\text{kg} \cdot \text{m}^2$；$T_e$ 为助力电机的输出转矩，单位为 $\text{N} \cdot \text{m}$；T_L 为负载转矩，单位为 $\text{N} \cdot \text{m}$；e_a、e_b、e_c 为助力电机三相绕组定子的反电动势，单位为 V；i_a、i_b、i_c 为助力电机三相绕组定子的相电流，单位为 A。

结合式（3.38）~式（3.40）可知，通过控制助力电机的三相电流，可对伺服阀体位移进行控制，最终转化为反馈盘所受机械助力和反馈盘总输出力的控制。

3.6 低压蓄能器

在第 2 章所述的单轴解耦和有限全解耦系统中，轮缸排液减压通过低压蓄能器实现。图 3.21 所示为低压蓄能器的结构示意图，制动能量回收系统采用的低压蓄能器为弹簧活塞式低压蓄能器，当低压蓄能器入口处有高压制动液时，活塞会在液压力作用下移动，低压蓄能器弹簧被压缩。当制动液流出低压蓄能器时，弹簧回位将储存的弹性势能释放。

低压蓄能器可简化为图 3.22 所示的物理模型，对活塞进行受力分析，可得如下关系式：

$$k_0 x + F_0 = p_0 A_a$$
$$0 \leqslant x \leqslant H \tag{3.41}$$

式中，k_0 为低压蓄能器弹簧刚度，单位为 N/m；F_0 为弹簧预紧力，单位为 N；p_0 为低压蓄能器内制动压力，单位为 Pa；A_a 为低压蓄能器活塞面积，单位为 m^2；x 为活塞工作行程，单位为 m；H 为活塞最大行程，单位为 m。

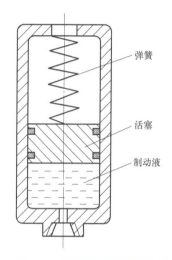
图 3.21 低压蓄能器结构示意图

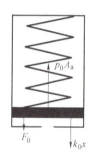
图 3.22 低压蓄能器简化模型

当活塞运动到最大行程 H 处，低压蓄能器内压力为：

$$p_H = \frac{k_0 H + F_0}{A_a} \tag{3.42}$$

式中，p_H 为低压蓄能器充满时的内部压力，单位为 Pa。

当低压蓄能器未充满时，不考虑制动液的变形，将式（3.42）两边对时间 t 求导，可得低压蓄能器流量压力特性为：

$$q_0 = A_a \frac{dx}{dt} = \frac{A_a^2}{k_0} \frac{dp_0}{dt}$$
$$0 \leqslant p_0 \leqslant p_H \tag{3.43}$$

式中，q_0 为低压蓄能器入口处体积流量，单位为 m^3/s。

由于低压蓄能器为液容性元件，当其内部充满制动液后，需要考虑制动液的体积弹性模量，此时低压蓄能器的流量压力特性为：

$$q_0 = \frac{A_a H}{K_y} \frac{\mathrm{d}p_0}{\mathrm{d}t} \quad p_0 > p_H \tag{3.44}$$

式中，K_y 为制动液体积弹性模量，单位为 Pa。

3.7 电动副主缸

在第 2 章所述的电动副主缸式制动系统中，制动轮缸的压力由电动副主缸调节。如图 3.23 所示，电动副主缸由副主缸电机（无刷直流电机）、滚珠丝杠副、副主缸和副主缸活塞构成。其中滚珠丝杠副的摩擦角小于滚珠丝杠的螺旋角，因而不能被自锁。制动能量回收系统工作时，滚珠丝杠将副主缸电机的正反旋转运动转化为副主缸活塞的往复直线运动，实现轮缸压力的调节。

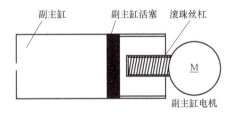

图 3.23　电动副主缸结构示意图

当电动副主缸处于增压状态时，活塞的运动方程可表示为：

$$m_{\mathrm{pis}} \ddot{x}_{\mathrm{pis}} = F_{\mathrm{pp}} - F_{\mathrm{ph}} - F_{\mathrm{pf}} \tag{3.45}$$

式中，m_{pis} 为活塞质量，单位为 kg；x_{pis} 为活塞位移，单位为 m；F_{pp} 为活塞受到的电机推力，单位为 N；F_{ph} 为活塞受到的液压力，单位为 N；F_{pf} 为活塞受到的摩擦力，单位为 N。

当电动副主缸处于减压状态时，活塞的运动方程可表示为：

$$m_{\mathrm{pis}} \ddot{x}_{\mathrm{pis}} = F_{\mathrm{pp}} + F_{\mathrm{ph}} - F_{\mathrm{pf}} \tag{3.46}$$

上述两式中，活塞所受电机推力 F_{pp}、液压力 F_{ph}、摩擦力 F_{pf} 可表示为：

$$\begin{aligned} F_{\mathrm{pp}} &= \frac{2\pi \eta_B T_{\mathrm{am}}}{L_B} \\ F_{\mathrm{ph}} &= \frac{\pi d_c^2}{4} p_{\mathrm{ac}} \\ F_{\mathrm{pf}} &= F_c + f_v |\dot{x}_{\mathrm{pis}}| \end{aligned} \tag{3.47}$$

式中，η_B 为丝杠效率；T_{am} 为副主缸电机转矩，单位为 N·m；L_B 为丝杠导程，单位为 m；d_c 为副主缸内径，单位为 m；p_{ac} 为副主缸压力，单位为 Pa；F_c 为库伦摩擦力，单位为 N；f_v 为黏性摩擦系数。

根据图 3.1，制动轮缸压力与轮缸进液体积直接关联，而轮缸进液体积又近似等于副主缸排液体积，因此可以通过改变副主缸排液体积来调节轮缸压力。

由电动副主缸的结构可知，副主缸排液体积与活塞位移成正比，可表示为：

$$V_{ac} = \frac{\pi d_c^2}{4} x_{pis} \tag{3.48}$$

式中，V_{ac} 为副主缸排出的制动液体积，单位为 m^3。

制动轮缸压力可表示为：

$$P = K_h V_{ac} \tag{3.49}$$

式中，K_h 为由轮缸 P-V 特性确定的比例系数，其值随着轮缸进液体积的变化而变化。

由式（3.48）和式（3.49）可得制动轮缸压力与液压缸活塞位移的关系为：

$$P = \frac{K_h \pi d_c^2}{4} x_{pis} \tag{3.50}$$

参 考 文 献

[1] 陶润, 张红, 付德春, 等. ABS 液压系统仿真与电磁阀优化 [J]. 农业工程学报, 2010, 26 (3): 135-139.

[2] ZHANG J, LV C, YUE X, et al. Study on a linear relationship between limited pressure difference and coil current of on/off valve and its influential factors [J]. ISA Transactions, 2014, 53 (1): 150-161.

[3] CHANG H T, FULKS G C, HEINRICHS J A. Controlled brake component development process [C] //SAE Technical Paper. New York: SAE, 1998.

[4] 许福玲, 陈尧明. 液压与气压传动 [M]. 北京: 机械工业出版社, 2007.

[5] 郑淑娟, 权龙, 陈青. 阀芯运动过程液压锥阀流场的 CFD 计算与分析 [J]. 农业机械学报, 2007, 38 (1): 168-172.

[6] 阎秀恪, 谢德馨, 高彰燮, 等. 电磁力有限元分析中麦克斯韦应力法的积分路径选取的研究 [J]. 电工技术学报, 2003, 18 (5): 32-36.

[7] 张正原, 胡娓. 电磁阀设计中电磁力自动计算方法 [J]. 现代机械, 2001 (3): 20-23.

[8] 刘宾. 铁心磁化过程对线圈电感影响的研究 [D]. 西安: 西北大学, 2009.

[9] CHOI W, PARK H, LEE S. Research on the method for improving the pump system [C] // SAE Technical Paper. New York: SAE, 2004.

[10] 次元平. 高速电主轴永磁电机结构的研究 [D]. 沈阳: 沈阳工业大学, 2015.

[11] 王伟玮, 宋健, 李亮, 等. ESP 液压执行单元柱塞泵动态特性仿真与试验 [J]. 农业机械学报, 2012, 43 (04): 1-5+14.

[12] 杨燕芳. 不同工况下皮囊式蓄能器工作参数的选择与计算 [D]. 秦皇岛: 燕山大学, 2011.

[13] 杜阳坚. 蓄能器在液压电梯中应用 [J]. 江西科学, 2006, 24 (5): 343-346.

[14] SPRENGEL M, IVANTYSYNOVA M. Recent developments in a novel blended hydraulic hybrid transmission [C] //SAE Technical Paper. New York: SAE, 2014.

[15] THOMPSON B, YOON H S, KIM J, et al. Swing energy recuperation scheme for hydraulic excavators [C]. SAE Technical Paper, 2014.

[16] SURAMPUDI B, NEDUNGADI A, OSTROWSKI G, et al. Design and control considerations for a series heavy duty hybrid hydraulic vehicle [C] //SAE Technical Paper. New York: SAE, 2009.

[17] 金智林, 郭立书, 施瑞康, 等. 汽车电控液压制动系统动态性能分析及试验研究 [J]. 机械工程学报, 2012, 48 (12): 127-132.

第 4 章
制动能量回收能力计算与制动意图识别算法

制动能量回收能力计算与制动意图识别算法位于控制软件的感知层,其中制动能量回收能力计算算法根据转速、动力蓄电池状态等参数对电机最大制动转矩进行计算,制动意图识别算法根据传感器信号识别驾驶员制动状态,并对驾驶员需求制动力进行计算。本章首先介绍两种感知层算法,为确保感知层算法的输入信号有效且被准确处理,还简单介绍了传感器信号处理与监控方法。

4.1 制动能量回收能力计算算法

电机最大制动转矩即电机回收能力,受电机和电池自身特性影响。

电机方面,以永磁同步电机为例,其制动外特性曲线如图 4.1 所示,可见电机能够提供的最大制动转矩是随转速变化的,在基速以下,电机最大制动转矩保持恒定不变;在基速至最高转速之间,电机能够提供的最大制动转矩随着转速的增加逐渐降低,而电机功率保持不变。此外,在图 4.1 中还存在一条理想电机转矩退出曲线,该曲线将外特性曲线分为耗电制动区和回馈制动区。在回馈制动区内,电机可通过发电作用产生制动转矩,将汽车的动能转化为电能存储在电池中;而在耗电制动区内,电机无法回收能量,需通过电池放电,才能产生制动转矩。因此,为了获得最佳制动能量回收效果,电机在转速较低时通常不会按外特性曲线工作,而是按理想电机转矩退出曲线工作。具体电机制动原理将在第 7 章详细分析,本节不做赘述。

电池方面,新能源汽车制动能量回收时,电池接收来自驱动电机的电能并储存。由于电池有最大充电电流限制,相应的电机再生制动转矩也会受到影响[1-2]。

电池充电是一个非常复杂的非线性过程,难以用精准的数学模型进行描述。实际分析过程中,通常以简单的静态模型来描述其工作过程,可表示为:

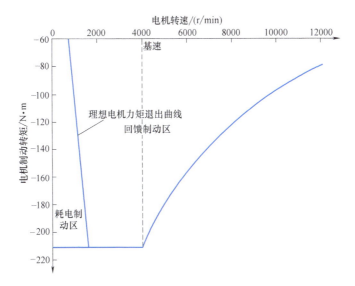

图 4.1 电机制动外特性

$$I_{\text{Batchar}} = \frac{U_{\text{Batchar}} - E_{\text{SOC}}}{R_{\text{SOC}}} \quad (4.1)$$

式中，I_{Batchar} 为电池充电电流，单位为 A；U_{Batchar} 为电池充电电压，单位为 V；E_{SOC} 为电池开路电压，单位为 V；R_{SOC} 为电池内阻，单位为 Ω。

根据式（4.1）可知，电池充电电流与电池充电电压、电池开路电压以及电池内阻有关。其中电池开路电压和电池内阻主要受电池 SOC 和电池温度影响。因此，在充电过程中，电池最大充电电流主要受电池 SOC 和电池温度限制[3-5]。

电池充电过程中，为保证电池性能、延长电池使用寿命，需要根据电池 SOC 和电池温度对电池充电电流进行限制。根据图 4.2 所示的电池最大充电电流与 SOC 和温度的关系曲线，当电池 SOC 和电池温度小于某一值时，允许最大充电电流随着 SOC 和温度的增加而增加；当达到某一值后，最大充电电流随着 SOC 和温度的增加而开始下降[6-8]。因此，电池最大充电电流与电池 SOC 和温度的关系可表示为：

$$I_{\text{Batmax}} = f(SOC, t_{\text{temp}}) \quad (4.2)$$

式中，I_{Batmax} 为电池最大充电电流，单位为 A，通常由电池 BMS 计算而来；t_{temp} 为电池温度，单位为 ℃。

在制动能量回收过程中，电池充电来自电机发电作用，其中电池充电功率可表示为：

$$P_{\text{Batchar}} = I_{\text{Batchar}} U_{\text{Batchar}} \quad (4.3)$$

式中，P_{Batchar} 为电池充电功率，单位为 W。

电机发电功率和电池充电功率存在如下关系：

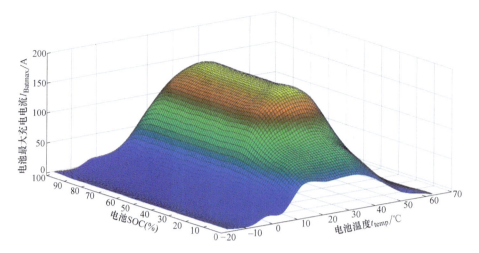

图 4.2 电池最大充电电流-电池 SOC-电池温度关系曲线

$$P_{\text{Batchar}} = P_{\text{Motchar}} \eta_{\text{gen}} \quad (4.4)$$

$$P_{\text{Motchar}} = \frac{T_m n_m}{9550} \quad (4.5)$$

式中，P_{Motchar} 为电机发电功率，单位为 W。

由式（4.3）~式（4.5）可以得出电机制动转矩与电池充电电流之间的关系如下：

$$T_m = \frac{9550 I_{\text{Batchar}} U_{\text{Batchar}}}{n_m \eta_{\text{gen}}} \quad (4.6)$$

由式（4.2）及式（4.6）可以推导出受到电池最大充电电流限制的电机制动转矩为：

$$T_{\text{Batmax}} = \frac{9550 f(SOC, t_{\text{temp}}) U_{\text{Batchar}}}{n_m \eta_{\text{gen}}} \quad (4.7)$$

式中，T_{Batmax} 为受电池充电电流限制的电机最大制动转矩，单位为 N·m。

综上，新能源汽车制动时可提供的电机最大制动转矩受电机转速和电池最大充电电流的影响，可表示为：

$$T_{\max} = \min(T_{\text{Etmax}}, T_{\text{Batmax}}) = f(n_m, I_{\text{Batmax}}) \quad (4.8)$$

式中，$T_{\max}$ 为电机可提供的最大制动转矩，单位为 N·m；T_{Etmax} 为受转速限制的电机最大制动转矩，单位为 N·m。

图 4.3 所示为电机最大制动转矩曲线，可见当电池最大充电电流一定时，电机最大制动转矩随电机转速不断波动。如果不断变化的电机制动转矩独自作用在车轮上，车辆减速度会不断变化，导致制动感觉恶化。

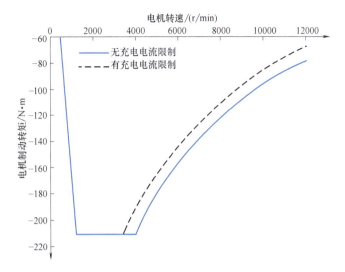

图 4.3　电机最大制动转矩曲线

制动意图识别算法

制动意图识别算法包括对驾驶员制动状态的识别和需求制动力的计算两部分。本节首先对驾驶员制动状态进行归纳分类，针对边界模糊的制动状态，设计识别策略，然后根据踏板位移和主缸压力对驾驶员需求制动力进行计算。

4.2.1　制动状态的识别

由于路况的复杂多变以及驾驶员本身意愿的不确定，驾驶员的制动状态具有复杂性和随机性。为了在各种制动状态下获得最佳制动效果，新能源汽车的制动力分配方式应随制动状态而改变，比如常规制动状态下，应尽量发挥电机的制动能力，而在紧急制动状态下，电机制动力应该迅速退出，制动力完全由液压制动系统提供[9]。言而总之，驾驶员的制动状态与新能源汽车的制动力分配方式息息相关，因此，在分配电液制动力前，有必要对驾驶员制动状态进行识别。

为了准确识别驾驶员制动状态，首先要将典型的制动状态进行归纳分类。在一段里程的行驶过程中，可能出现的驾驶员制动状态有滑行制动、常规制动、紧急制动和空档制动四种，四种制动状态的动作特征如下。

1）滑行制动：驾驶员预判可减速距离较长，松开加速踏板，但未踩下制动踏板，此时电机提供全部制动力，电机制动力的大小通常可满足大部分市区工况的减速需求。

2）常规制动：驾驶员预判可减速距离较短，缓慢踩下制动踏板，并调整踏板开度以达到目标减速距离。此时制动力由电机与液压制动系统共同提供，为了提高节能效果，电机应尽可能发挥最大制动能力。

3）紧急制动：驾驶员突遇紧急情况，如道路中突然出现障碍物或行人，紧急踩下制动踏板，使车辆迅速停车。由于紧急制动时车辆以最大减速度减速，相应的驱动轴转速迅速减小，而电机在转速变化较快时难以稳定工作，为了保证制动安全性，此时制动能量回收系统通常优先使用液压制动系统，并退出电机制动力。

4）空档制动：驾驶员挂空档，踩下制动踏板，并调整踏板开度以达到目标减速距离。此时新能源汽车通常会关闭制动能量回收功能，车辆制动力完全由液压制动系统提供。

根据上述分析，各制动状态的动作特征可总结为表 4.1。表 4.1 的四种制动状态中，特征明确且易于识别的有滑行制动和空档制动。其中，滑行制动可依靠制动踏板位移（开度）、加速踏板位移（开度）和车速三个特征信号进行识别，空档制动可依靠档位和踏板位移信号进行识别；对于常规制动和紧急制动的识别，通常选取制动踏板位移和制动踏板速度作为特征信号[10-11]，二者边界较为模糊，因此识别难度大。下面重点介绍常规制动和紧急制动状态的识别策略。

表 4.1 各制动状态的动作特征

状态名称	状态特征	应用场合
滑行制动	车速不为0,加速踏板和制动踏板位移均为0	距制动目标较远,驾驶员希望车辆缓慢减速
常规制动	制动踏板位移不为0,踏板速度较小	正常减速、避让、车速调节
紧急制动	制动踏板位移不为0,踏板速度较大	紧急情况下的制动
空档制动	档位为空档,踏板位移不为0	空档时的减速、避让、车速调节

图 4.4 所示为大量试验结果中选取的五种典型制动过程，其中 1、2 和 3 的平均踏板速度较小，可归为常规制动；4 和 5 的平均踏板速度较大，可归为紧急制动。通过分析以上五组制动过程的踏板位移和踏板速度关系可得，无论是紧急制动还是常规制动，当踏板位移较小时，踏板速度都达到最大；随着踏板位移的增加，踏板速度明显减小。此外，不少有经验的驾驶员在空行程阶段踏板速度迅速增大，但并非紧急制动，而是为了减少制动反应时间。

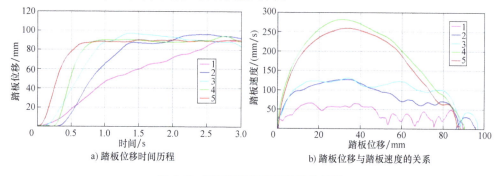

a) 踏板位移时间历程   b) 踏板位移与踏板速度的关系

图 4.4 不同制动状态下的试验结果

根据上述试验结果以及驾驶员实际操作经验，定义紧急制动与常规制动的门限如图4.5所示。图4.5将制动踏板位移的全行程分为空行程、中小行程和大行程三个阶段，各个阶段具有不同的踏板速度门限值，其中空行程阶段对应的踏板速度门限值较大，大行程对应的踏板速度门限值相对较小。踏板速度门限值 $ds_{\mathrm{pb\_th}}$ 与踏板位移 S_{pb} 的分段函数可表示如下：

$$ds_{\mathrm{pb\_th}} = ds_{\mathrm{pb\_th1}} - \frac{(S_{\mathrm{pb1}} - S_{\mathrm{pb}})(ds_{\mathrm{pb\_th1}} - ds_{\mathrm{pb\_th0}})}{S_{\mathrm{pb1}}}$$

$$0 < S_{\mathrm{pb}} < S_{\mathrm{pb1}}$$

$$ds_{\mathrm{pb\_th}} = ds_{\mathrm{pb\_th2}} - \frac{(S_{\mathrm{pb2}} - S_{\mathrm{pb}})(ds_{\mathrm{pb\_th2}} - ds_{\mathrm{pb\_th1}})}{S_{\mathrm{pb2}} - S_{\mathrm{pb1}}} \quad (4.9)$$

$$S_{\mathrm{pb1}} < S_{\mathrm{pb}} < S_{\mathrm{pb2}}$$

$$ds_{\mathrm{pb\_th}} = ds_{\mathrm{pb\_th3}} - \frac{(S_{\mathrm{pb3}} - S_{\mathrm{pb}})(ds_{\mathrm{pb\_th3}} - ds_{\mathrm{pb\_th2}})}{S_{\mathrm{pb3}} - S_{\mathrm{pb2}}}$$

$$S_{\mathrm{pb2}} < S_{\mathrm{pb}} < S_{\mathrm{pb3}}$$

式中，$ds_{\mathrm{pb\_th0}}$、$ds_{\mathrm{pb\_th1}}$、$ds_{\mathrm{pb\_th2}}$、$ds_{\mathrm{pb\_th3}}$ 为踏板各行程阶段对应的踏板速度门限值，单位为 m/s；S_{pb1}、S_{pb2}、S_{pb3} 为踏板各行程阶段对应的踏板位移，单位为 m；上述参数需根据系统实车试验进行标定。

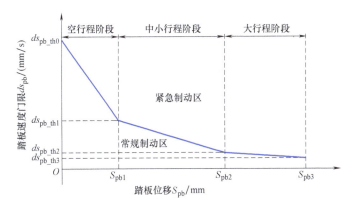

图 4.5 制动状态识别门限划分

4.2.2 需求制动力的计算

制动意图识别算法不仅要准确识别驾驶员制动状态，还要计算车辆在各制动状态下的需求制动力。在获得需求制动力的基础上，制动能量回收系统可以对电机与液压制动力进行更合理的分配。

驾驶员有滑行制动、常规制动、紧急制动、空档制动四种制动状态，其中滑行制动时驾驶员需求制动力完全由驱动电机提供，为提高节能效果，需求制动力通常设置为满足大部分市区制动需求的定值，在此不做赘述；而在其余三种制动状态下，制动意图识别算法对需求制动力的计算应符合传统汽车的制动系统特性。目前制动能量回收系统通常根据踏板位移或者主缸压力来计算驾驶员需求制动力，下面对这两种计算方法进行介绍。

4.2.2.1 基于踏板位移的计算方法

顾名思义，基于踏板位移的计算方法是一种根据驾驶员踏板位移计算需求制动力的方法。理想状态下，同一车型装备制动能量回收系统和传统制动系统时应具有相同的制动感觉，即相同踏板位移下，二者产生的制动减速度和制动力应完全一致。而制动能量回收系统的实际制动力时刻跟随需求制动力变化，二者近乎相等，因此，只要相同踏板位移下制动能量回收系统的需求制动力与传统制动系统的实际制动力相等，制动能量回收系统的制动感觉便能与传统制动系统保持一致。

根据上述分析，制动能量回收系统需求制动力的计算等同于传统制动系统实际制动力的计算。传统制动系统工作时，真空助力器将制动踏板的输入力放大，推动主缸活塞运动，制动液由主缸流出进入制动轮缸，最终产生液压制动力。整个制动过程中，主缸压力随踏板位移的增大而增大，实际制动力可表示为：

$$F_b = P_m K_{con}$$
$$K_{con} = \frac{\pi D_f^2 R_f K_{bf} + \pi D_r^2 R_r K_{br}}{2r} \quad (4.10)$$

式中，F_b 为传统制动系统实际制动力，单位为 N；P_m 为主缸压力，单位为 Pa；K_{con} 为传统制动系统的压力/制动力转换系数，单位为 m^2；D_f 为前轮制动轮缸直径，单位为 m；R_f 为前轮有效作用半径，单位为 m；K_{bf} 为前轮制动效能因数；D_r 为后轮制动轮缸直径，单位为 m；R_r 为后轮有效作用半径，单位为 m；K_{br} 为后轮制动效能因数；r 为车轮滚动半径，单位为 m。

式（4.10）表明，传统制动系统的实际制动力与主缸压力之间存在线性关系，因此，只要求得踏板位移对应的主缸压力，便能准确计算出传统制动系统的实际制动力。对于传统制动系统主缸压力的计算，要保证主缸压力的计算值与实际值尽可能接近，为此需要从制动系统工作特性入手，分析影响主缸压力的关键因素，然后根据影响因素对主缸压力的计算值进行修正。

图 4.6 所示为传统制动系统在不同踏板速度下踏板位移和主缸压力的变化情况。由图可见，当踏板位移较小时，主缸压力近似为 0MPa，此过程踏板位移主要用于克服踏板空行程；克服空行程后，主缸压力随着踏板位移的增大迅速增大，受踏板速度影响较小；当驾驶员松开制动踏板时，随着踏板位移的减少，主缸压力不断降低，由于制动系统本身有阻尼，主缸压力较制动施加过程存在明显的衰减。

根据上述分析，传统制动系统的主缸压力主要受踏板空行程、踏板位移和系统阻尼的影响，综合考虑各影响因素后，主缸压力的计算过程如图 4.7 所示。

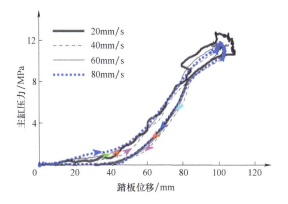

图 4.6　不同踏板速度下的踏板位移-主缸压力曲线

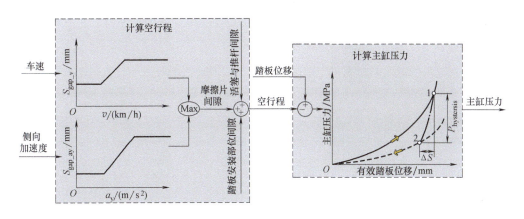

图 4.7　主缸压力计算过程

1. 计算踏板空行程

如图 4.8 所示，主缸压力对空行程的变化较为敏感，同一踏板位移下，空行程越大，主缸压力越小。为提高主缸压力的计算精度，需对踏板空行程进行计算。制动初期踏板需要克服的空行程主要包含踏板安装部位间隙、制动主缸活塞与推杆的间隙和制动盘与摩擦片的间隙三种，其中摩擦片间隙时刻在变化，其他间隙则是设计参数，为定值。

摩擦片间隙主要受车速和侧向加速度的影响。车速方面，受制造工艺限制，制动盘表面并非完全光滑平整，同

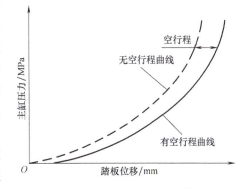

图 4.8　空行程对主缸压力的影响

时内部组织也不均匀,导致其高速旋转时会左右摆动。如图4.9所示,当车速较低时,制动盘仅在初始摩擦片间隙内摆动,摩擦片间隙保持不变;随着车速的增加,制动盘摆动幅度越来越大,推动摩擦片和活塞向两侧移动,摩擦片间隙逐渐增大,直到达到限位处。

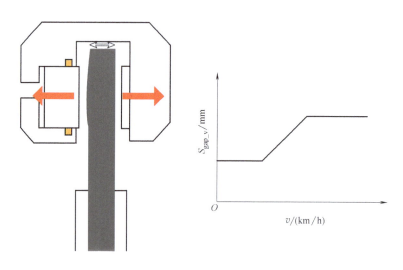

图 4.9 摩擦片间隙随车速的变化

除了车速,汽车的侧向加速度也会对摩擦片间隙产生影响。如图4.10所示,由于汽车上任何一个部件都不是100%刚性的,当其受到侧向力时,车轮、轮毂和制动盘不可避免会发生偏转。而制动钳由于连接到刚性更强的悬架上,变形较小,因此,制动盘的偏转将导致摩擦片向两侧移动,侧向加速度越大,摩擦片间隙也越大。

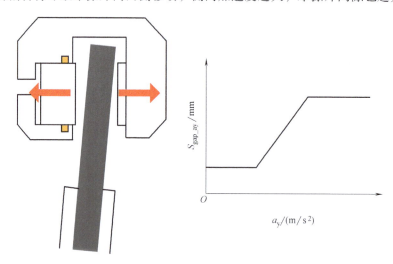

图 4.10 摩擦片间隙随侧向加速度的变化

根据图 4.9 和图 4.10 所示摩擦片间隙与车速和侧向加速度的关系曲线,摩擦片间隙可表示为:

$$S_{gap} = \max(S_{gap\_ay}, S_{gap\_v})$$
$$S_{gap\_ay} = f(a_y) \quad (4.11)$$
$$S_{gap\_v} = f(v)$$

式中,S_{gap} 为摩擦片间隙,单位为 m;S_{gap_ay} 为由侧向加速度引起的摩擦片间隙,单位为 m;S_{gap_v} 为由车速引起的摩擦片间隙,单位为 m;a_y 为侧向加速度,单位为 m/s²;v 为车速,单位为 km/h。摩擦片间隙与车速和侧向加速度的关系曲线需通过试验标定。

制动初期踏板需要克服的空行程还包括踏板安装部位间隙和制动主缸活塞与推杆的间隙,结合摩擦片间隙和其他间隙,踏板空行程可表示为:

$$S_{pb1} = S_{gap} + S_{pa} + S_{mr} \quad (4.12)$$

式中,S_{pb1} 为踏板空行程,单位为 m;S_{pa} 为踏板安装部位间隙,单位为 m;S_{mr} 为主缸活塞与推杆的间隙,单位为 m。

2. 计算主缸压力

考虑到空行程对主缸压力的影响,将踏板位移转化为有效踏板位移,并对图 4.6 所示的试验曲线进行简化,可得图 4.11 所示的主缸压力与有效踏板位移的关系曲线。其中有效踏板位移为排除空行程后能产生主缸压力的踏板位移,可表示为:

$$S'_{pb} = S_{pb} - S_{pb1} \quad (4.13)$$

式中,S'_{pb} 为有效踏板位移,单位为 m。

当驾驶员踩下制动踏板,并且有效踏板位移持续增加时,主缸压力沿图 4.11 中制动踏板去程曲线(图 4.11 中实线)逐渐增长,可表示为:

$$P_m = f(S'_{pb}) \quad (4.14)$$

式中,$f(S'_{pb})$ 为施加制动时有效踏板位移与主缸压力的关系曲线,由试验标定获得。

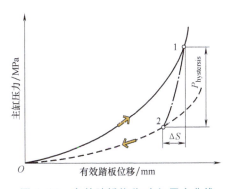

图 4.11 有效踏板位移-主缸压力曲线

当驾驶员松开制动踏板,有效踏板位移持续减小时,主缸压力会较施加制动时产生明显的衰减。若从图 4.11 中的点 1 开始松制动踏板,则主缸压力将首先沿过渡曲线点 1 到点 2(图 4.11 中点画线)迅速衰减,该阶段制动系统的主缸压力可根据下式计算:

$$P_{\mathrm{m}} = f(S'_{\mathrm{pb1}}) - P_{\mathrm{hystersis}} \frac{S'_{\mathrm{pb1}} - S'_{\mathrm{pb}}}{\Delta S}$$

$$S'_{\mathrm{pb2}} \leqslant S'_{\mathrm{pb}} \leqslant S'_{\mathrm{pb1}}$$

(4.15)

式中，S'_{pb1} 为点 1 对应的有效踏板位移，单位为 m；S'_{pb2} 为点 2 对应的有效踏板位移，单位为 m；$P_{\mathrm{hystersis}}$ 为点 1 与点 2 间的主缸压力差，单位为 Pa；ΔS 为点 1 与点 2 间的有效位移差，单位为 m。

$P_{\mathrm{hystersis}}$、ΔS 与有效踏板位移的关系曲线由试验标定获得，如图 4.12 所示。

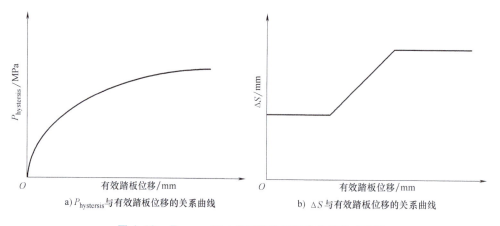

图 4.12 $P_{\mathrm{hystersis}}$ 和 ΔS 与有效踏板位移的关系曲线

主缸压力沿曲线点 1 到点 2 衰减至点 2 后，若驾驶员继续松开制动踏板，主缸压力将沿制动踏板回程曲线（图 4.11 中虚线）继续衰减，该阶段主缸压力可根据下式计算：

$$P_{\mathrm{m}} = g(S'_{\mathrm{pb}})$$

$$S'_{\mathrm{pb}} < S'_{\mathrm{pb2}}$$

(4.16)

式中，$g(S'_{\mathrm{pb}})$ 为解除制动时有效踏板位移与主缸压力的关系曲线，由试验标定获得。

解除制动过程中，若驾驶员再次踩下制动踏板，主缸压力将逐渐由回程曲线恢复到去程曲线。假设从图 4.11 中的点 2 开始恢复制动，则主缸压力将沿过渡曲线点 2 到点 1（图 4.11 中点画线）迅速增长。

以上讨论了传统制动系统主缸压力的计算过程，将求得的主缸压力代入式（4.10），便能求得传统制动系统任意踏板位移对应的实际制动力，控制制动能量回收系统的需求制动力与上述计算得到的实际制动力相等，制动能量回收系统的制动感觉便能与传统制动系统保持一致。

综上所述，根据踏板位移计算需求制动力需要考虑空行程、系统阻尼等因素，为获得准确的踏板位移-需求制动力关系，必须进行大量的标定试验，工作量大。

实际工程应用中，也可牺牲一定制动感觉，对上述问题进行简化，比如忽略空行程的变化和系统阻尼的影响，根据经验设定踏板位移-需求制动力关系曲线，从而减少试验标定工作量。

4.2.2.2 基于主缸压力的计算方法

当制动能量回收系统位移传感器发生故障或没有位移传感器时，如果其配备主缸压力传感器，也可根据主缸压力计算需求制动力。

基于主缸压力的需求制动力计算方法有诸多限制条件，首先其要求制动能量回收系统必须配备主缸压力传感器；其次制动能量回收系统的主缸压力必须能反映驾驶员的制动需求，即主缸压力与踏板位移间存在单调关系。根据上述限制条件，基于主缸压力的计算方法适用于本书第2章所述的并联、单轴解耦和全解耦制动能量回收系统。由于有限全解耦系统开启能量回收功能后踏板位移与主缸压力不存在单调关系，主缸压力无法反映该系统的驾驶员制动需求，因此，基于主缸压力的计算方法不适用于有限全解耦系统，该系统可采用基于踏板位移的计算方法。

具体到需求制动力的计算方法，当其应用于第2章所述的并联和单轴解耦系统时，由于这两个系统均是由传统制动系统改进而来，保留了传统制动系统踏板位移与主缸压力之间的关系，因此，对于这两种系统压力传感器采集的主缸压力等同于传统制动系统的主缸压力值。将主缸压力代入式（4.10），便可准确求得需求制动力。值得注意的是，并联制动能量回收系统在需求制动力的基础上额外叠加了电机制动力，因此，其实际制动力大于驾驶员制动需求，导致并联系统的制动感觉较差。

当基于主缸压力的计算方法应用于第2章所述的全解耦串联系统时，由于全解耦系统完全摆脱了真空助力器等传统制动部件，因此，其踏板位移与主缸压力间的关系与传统制动系统完全不同，无法直接采集主缸压力并利用公式（4.10）求得需求制动力。对于这类制动能量回收系统，需要首先计算当前主缸压力对应的踏板位移，然后再利用4.2.2.1所述的方法计算需求制动力。

对于全解耦系统踏板位移的计算，通常利用台架试验获得其踏板位移与主缸压力的关系曲线，然后由主缸压力反求踏板位移。图4.13所示为全解耦系统踏板位移-主缸压力曲线，可见全解耦系统的主缸压力也受空行程和系统阻尼影响，区别在于全解耦系统的空行程不考虑摩擦片间隙的识别，因为其主缸压力作用于踏板感觉模拟器活塞，而不是制动轮缸。

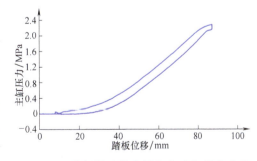

图4.13　全解耦系统踏板位移-主缸压力曲线

综上所述，基于主缸压力的计算方法适用于并联、单轴解耦和全解耦制动系统，当其应用于并联和单轴解耦系统时，可根据主缸压力直接计算得到需求制动力,实施方便,原理简单;当其应用于全解耦系统时,需要进行大量的标定试验,工作量大。实际工程应用中,可牺牲一定制动感觉,对上述问题进行简化,比如直接由主缸压力计算得到需求制动力,忽略中间的主缸压力到踏板位移的转化过程和由踏板位移计算需求制动力的过程。问题简化后,全解耦系统需求制动力与主缸压力之间满足线性关系:

$$F_{req} = P_m K'_{con} \tag{4.17}$$

式中,K'_{con}为全解耦串联系统的压力/制动力转换系数,单位为 m^2。

式(4.17)中,全解耦系统的压力/制动力转换系数 K'_{con} 可自由调节,以满足更多驾驶员的个性化需求,比如驾驶员希望制动响应更灵敏时,可以增大压力/制动力转换系数。

4.3 传感器信号处理与监控

制动能量回收系统是一个多输入的控制系统,其感知层算法不仅有来自传感器的模拟信号输入,同时也有来自整车 CAN 总线上的数据信息。本节着重对传感器信号处理方法进行介绍,同时结合 CAN 总线上的信息对传感器信号的有效性进行监控,以确保感知层输入信号有效且被准确处理。

4.3.1 传感器信号处理方法

制动能量回收系统的感知层算法主要接收踏板位移传感器信号和压力传感器信号,由于系统和环境噪声的存在,传感器信号必须经过处理才能为控制软件所用。本节首先介绍压力传感器和踏板位移传感器的工作原理,然后介绍传感器的信号处理方法。

4.3.1.1 压力传感器工作原理

压力信号作为意图识别与压力闭环控制的关键参考量,精度要求很高。目前常见的压力传感器主要有电流型传感器和电压型传感器两种。电流型传感器的特点是传感器端的等效电阻非常大,电流信号不受信号线电阻的影响,适用于远距离传输,且抗电磁干扰的能力强,但此类传感器对信号采集调理电路要求苛刻,且发动机舱温度浮动大,易造成采样电阻温漂,影响信号采集;电压型传感器输出电压信号,信号采集方便,但信号会因线路电阻分压而有所延迟。考虑到传感器在车辆中的使用环境,制动能量回收系统的压力传感器通常选用电压型传感器。

图4.14所示为车用电压型传感器的实物图,其关键部件为钢质膜片,该膜片上布置了

图4.14 车用电压型传感器实物

一个由 4 个应变电阻片组成的桥式电路，电路如图 4.15a 所示[12]。钢质膜片在液压作用下产生形变，破坏应变片电桥的平衡，形成电位差，即测量电压 U_M。该电压的大小反映了被测压力的大小，信号处理电路把测量电压放大，并进行温度补偿，使得输出电压 U_A 与被测压力具有良好的线性关系，如图 4.15b 所示。

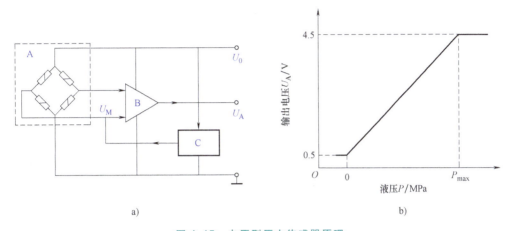

图 4.15　电压型压力传感器原理

A—DMS 应变片压力测量室　B—放大器　C—温度补偿电路　U_0—供电电压
U_M—测量电压　U_A—输出电压

4.3.1.2　踏板位移传感器工作原理

踏板位移传感器用于感知驾驶员的制动意图，图 4.16 所示为目前制动能量回收系统中常用的踏板位移传感器，这种位移传感器基于霍尔效应设计，精度高，体积小，易于与制动系统集成，不仅不会磨损，还能测量绝对角度，并且安装方便，数据易于采集[13]。

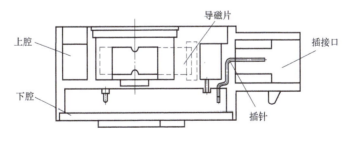

图 4.16　踏板位移传感器结构示意图

位移传感器由旋转磁钢，通过导磁片集束磁力线，作用于霍尔界面。旋转磁钢旋转，作用于霍尔界面上的磁通量发生变化，霍尔界面输出电压也做相应变化。传感器的输出电压与旋转角度的关系如下：

$$U_H = K_H IB\cos\theta \tag{4.18}$$

式中，U_H 为霍尔电压，单位为 V；K_H 为霍尔系数，单位为 m³/C；I 为电流，单位为 A；θ 为霍尔基片与磁力线的夹角，单位为 rad；B 为磁感应强度，单位为 T。

4.3.1.3 传感器信号处理方法

汽车在行驶过程中，会受到振动、强电磁干扰等影响，因此传感器采集的信号可能伴随着随机产生的噪声。根据噪声产生的原因，传感器信号中的噪声可分为内部噪声和外部噪声两类，其中内部噪声是指信号源和传感器本身固有的噪声。对于压力传感器，其内部噪声主要源自液压管路在状态变化时受到的液压冲击；对于踏板位移传感器，内部噪声主要源自传感器自身的抖动[14]。

外部噪声是指传感器信号传递过程中获得的噪声，多以电磁干扰或经驱动端电压变化串入电路而引起的噪声。如电机运转、天体放电现象等产生的电信号干扰，而这种干扰可能是白噪声、脉冲噪声等多个噪声的综合效果[15]。此外，传感器驱动端与各电气设备共用一个直流电源，或者共用一个地，当各部分电路的电流流过公共的线路电阻时便会产生电压降，成为相互影响的噪声干扰信号[16]。

传感器信号处理时需要滤除信号中的高频噪声部分，保留信号的有效成分。目前滤波方法一般分为硬件和软件两种方式。硬件滤波可使用 RC 电路，电容具有通高频、阻低频的特性，据此设计低通、高通、带通及带阻滤波器；软件滤波使用数字滤波的方式，在控制软件中增加少量的算法程序，对采集的数据进行处理，消除或削弱噪声的干扰，提高传感器信号的可靠性和精度[17]。

1. 硬件滤波

当信号源为应变片等直流传感元件时，使用无源 RC 滤波电路将会对常模噪声有较好的抑制效果[18]。图 4.17 所示为低通滤波电路的原理图，其滤波特性如图 4.18 所示，可见一阶无源低通滤波电路可有效滤除信号中的高频噪声。

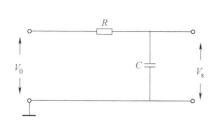

图 4.17　低通滤波电路原理

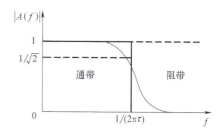

图 4.18　低通滤波特性

根据图 4.17 所示的低通滤波电路，有电路的微分方程如下：

$$V_0 = V_s + RC\frac{dV_s}{dt} \tag{4.19}$$

式中，V_0 为输入电压，单位为 V；V_s 为输出电压，单位为 V；R 为电阻，单位为 Ω；C 为电容，单位为 F。

令 $\tau = RC$，称为时间常数，对式（4.19）进行拉氏变换可以得到：

$$H(s) = \frac{1}{1+\tau s} \tag{4.20}$$

$$H(f) = \frac{1}{j2\pi f\tau + 1} \tag{4.21}$$

电路的幅频、相频特性公式为：

$$A(f) = |H(f)| = \frac{1}{\sqrt{1+(2\pi f\tau)^2}} \tag{4.22}$$

$$\varphi(f) = -\mathrm{arctg}(2\pi f\tau) \tag{4.23}$$

由式（4.22）和式（4.23）分析可知，当信号频率 f 很小时，振幅为 1，信号无阻通过；当信号频率增加时，振幅逐渐变小，信号逐渐衰弱；当信号频率超出截止频率时，信号被滤除，截止频率 f_0 可表示为：

$$f_0 = \frac{1}{2\pi RC} \tag{4.24}$$

由式（4.24）可知，通过选取电阻 R 和积分电容 C，无源 RC 滤波电路可对信号的截止频率进行调节。为了尽可能保留信号的有效成分，并滤除无效成分，需要对传感器信号的成分进行分析，而时域内很难区分出传感器信号的有效成分，因此借助频谱分析方法，查看信号的频率结构。

频谱分析可以将复杂的时间历程曲线，经过傅立叶变换，按频率顺序展开，清晰地获得信号的频率结构，便于对信号进行分析[19]。傅立叶变换利用正弦或余弦函数将满足一定条件的函数展开，变成正余弦函数累加或者积分的线性组合。压力传感器和位移传感器信号为连续的非周期性模拟信号，需要用多个不同频率的正弦函数来表示。

以压力传感器信号的滤波过程为例，稳态压力信号经采样变成离散信号，使用离散形式的傅立叶变换，其幅频特性如图 4.19 所示。

对于稳态压力信号，直流分量是信号的有效成分，其余分量为噪声。从图 4.19 可看出，压力信号中的直流分量，即 0Hz 分量的功率谱密度最大，为信号的主要成分；在 100～150Hz 区域和 200Hz 左右，噪声的幅

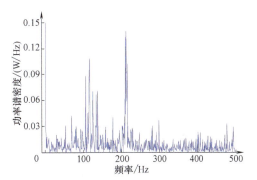

图 4.19 稳态压力信号的幅频特性

值相对较大，使得压力信号在时域内出现有周期性的小幅波动，其余频率范围的噪声幅值差别不大，类似白噪声。

综上，压力传感器信号的有效频率范围为 0～200Hz，为了滤除信号的无效成分，其截止频率应大于 200Hz。选取截止频率 f_0 为 300Hz，根据式（4.24）可得：

$$RC = \frac{1}{2\pi f_0} = 5.3 \times 10^{-4} \quad (4.25)$$

选取电阻 R 和积分电容 C 时需注意，电阻 R 具有分压效果，其阻值在数量级上应远小于信号采集端的内阻；而电容 C 具有稳压的效果，其电容过大会使采样电压难以跟随实际压力，产生信号滞后。

2. 软件滤波

在软件方面，同样需要采用相应的优化处理进一步滤去脉冲杂信。目前在处理传感器信号时，通常采用最小均方误差滤波法，通过自适应调整滤波器系数，提高输入控制信号精度，整体滤波方法如图 4.20 所示[20]。

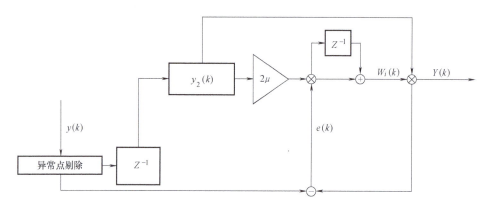

图 4.20 传感器信号滤波方法示意图

如图 4.20 所示，传感器的信号处理主要包括两部分：异常点剔除与最小均方滤波。首先设定滤波窗口限值，限定初始信号变化范围，剔除异常点，然后进入最小均方滤波。

均方最小滤波部分主要通过调整滤波器权系数，使输出误差序列的均方值最小化，滤波器输出[21]可以表示为：

$$Y(k) = \sum_{i=0}^{N-1} W_i(k) x(k-i) = \boldsymbol{W}(k)^{\mathrm{T}} \boldsymbol{X}(k) \quad (4.26)$$

式中，$Y(k)$ 为滤波输出信号；$x(k)$ 为滤波器的输入信号；$W_i(k)$ 为滤波器的权系数；N 为阶数，该值的大小决定滤波器的误调节比例与暂态持续过程时间；$\boldsymbol{W}(k)$ 为滤波器的权系数矩阵；$\boldsymbol{X}(k)$ 为滤波器的输入信号矩阵；T 为矩阵的转置。

结合式（4.26），滤波器输出的均方误差可以表示为：

$$E[e^2(k)] = E\{[x(k)-Y(k)]^2\} = E[x^2(k)] + \boldsymbol{W}(k)^{\mathrm{T}} \boldsymbol{R} \boldsymbol{W}(k) - 2\boldsymbol{Q}^{\mathrm{T}} \boldsymbol{W}(k) \quad (4.27)$$

式中，$\boldsymbol{R}$ 为理想信号的自相关矩阵；$\boldsymbol{Q}$ 为理想信号与原始信号的互相关矩阵。

式（4.27）中，两矩阵可表示为：

$$\boldsymbol{R} = E[\boldsymbol{X}(k)\boldsymbol{X}(k)^{\mathrm{T}}] \quad (4.28)$$

$$Q = E[x(k)X(k)] \tag{4.29}$$

当式（4.27）均方误差最小时，对应最佳权系数 W^* 应该满足条件：

$$\frac{\partial E[e^2(k)]}{\partial W(k)} = 0 \tag{4.30}$$

对该式采用随机梯度迭代法[22]求解最佳权系数估计，算法递推公式如下：

$$W(k+1) = W(k) + 2\mu X(k)e(k) \tag{4.31}$$

式中，μ 表示迭代步长。

由于车辆行驶过程中通常存在与原始输入信号中的噪声互不相关的平稳遍历的高斯白噪声，因此对于式（4.26）中原始输入信号 $x(k)$ 可以利用其延迟信号 $x_2(k)$ 进行替代，这样处理的优势在于真实的压力信号在滤波后能够得到增强，而噪声得到减弱。

对于踏板位移信号的滤波，由于踏板位移用于求解驾驶员制动需求，精度要求较高，而过高步长会导致收敛速度的降低，根据经验选取迭代步长 $\mu=8$。踏板位移信号滤波前后对比如图 4.21 所示。

对压力信号的滤波，亦可采取上述方法，只是在对异常点剔除的窗口门限、步长等参数的选择方面略有差别。由于压力信号涉及意图识别与压力控制，对实时性要求较高，故选取迭代步长 $\mu=4$，压力信号的滤波结果如图 4.22 所示。

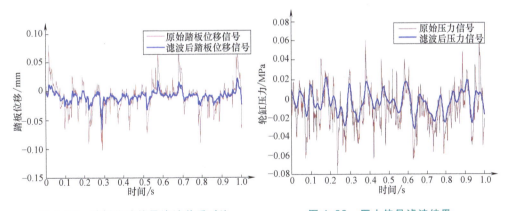

图 4.21　踏板位移信号滤波前后对比　　图 4.22　压力信号滤波结果

4.3.2　传感器信号监控方法

若踏板位移或压力传感器信号失效，制动能量回收系统控制时将偏离驾驶员的需求，从而引发安全事故，因此从系统功能安全的角度分析，必须对传感器信息进行有效性监控。

4.3.2.1　有效性判断

传感器硬件本身不具备信号自校验功能，因此，传感器信号的有效性需要借助其他参考信息进行判别。目前传感器信号有效性的主要识别方法有信号范围监控、信号跳变监控、双信号校验等硬监控方法,以及多信息融合、模型校验等软监控方法。此处将综合硬监控、软监控两种识别方法,针对制动能量回收系统软硬件方案,设计易于工程化应用的传感器信号有效性识别方法。

根据上文中的传感器工作原理,预判可能的传感器故障有:传感模块故障,包括信号采集口堵死,应变片、导磁片和钢制膜片变形损坏等;信号传输故障,包括供电线短路和断路;信号采集端故障,包括供电电压不稳及模拟量采集口故障。传感器在发生故障时的表现,有如下几种。

1)信号恒定,无论制动与否,传感器的信号保持不变。

2)信号偏差,与实际信号存在偏差,包括线性度不均匀、局部区间内信号不准确。

3)信号跳跃,信号快速偏离上一时刻的信号值,并持续一定时间。

上述三种信号失效形式中,信号恒定和信号跳跃较容易识别,信号偏差的识别难度较大。传感器信号偏差的识别原则为,传感器信号与其参考信号的偏差较大,且持续一段时间,即认为传感器信号失效。而识别的前提是对参考信号具备足够的信任度。下面根据系统不同的控制状态、系统各状态变量间的相互关系,建立传感器信号有效性识别的综合准则。

1. 主缸压力传感器有效性识别

在识别主缸压力传感器的有效性时,首先要观察传感器是否存在信号恒定和信号跳跃失效现象,如果不存在,则判断是否有信号偏差失效。

对于信号偏差失效的识别,参考信号的选取至关重要。根据第 2 章对各构型工作过程的分析可知,各构型在未解耦时,主缸压力与各轮缸压力近似相等,因此可选择未解耦时的各轮缸压力作为参考信号,若主缸压力信号与四个轮缸压力信号均存在偏差,且偏差大于限值,即可确定主缸压力传感器失效。

若制动能量回收系统没有轮缸压力传感器,则使用轮缸估算压力作为参考信号。尽管轮缸估算压力会与真实压力间存在一定偏差,但这种偏差远小于传感器失效导致的偏差,因此轮缸估算压力可以作为识别主缸压力传感器失效的参考信号。

图 4.23 所示为单个轮缸的压力估算原理,利用轮缸的压力体积特性,通过实时计算轮缸中制动液的体积增量,在前一时刻轮缸压力对应的制动液体积的基础上累加后进行插值,便能获得当前的轮缸压力。

根据上述压力估算方法,在具体实施时存在两个关键量的计算,即初始压力和制动液体积变化量。由于单次制动开始时,轮缸压力为 0,因此轮缸压力估算时在零制动液体积的基础上进行累加。

图 4.24 所示为轮缸压力估算原理和流程,根据伯努利方程,进液阀、出液阀的阀口流量可表示为:

第4章 制动能量回收能力计算与制动意图识别算法

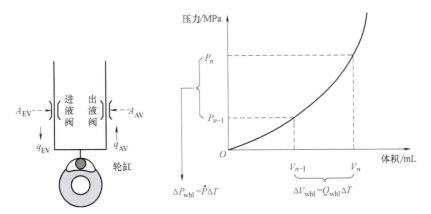

图 4.23 单个轮缸压力估算原理

注：图中各物理量含义参见式（4.32）。

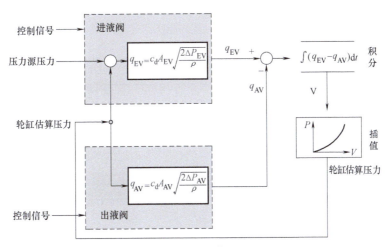

图 4.24 轮缸压力估算原理和流程

$$q_{EV} = A_{EV} C_d \sqrt{\frac{2\Delta p_{EV}}{\rho}}$$

$$q_{AV} = A_{AV} C_d \sqrt{\frac{2\Delta p_{AV}}{\rho}} \tag{4.32}$$

式中，q_{EV} 为进液阀流量，单位为 m^3/s；q_{AV} 为出液阀流量，单位为 m^3/s；A_{EV} 为进液阀阀口流通面积，单位为 m^2；A_{AV} 为出液阀阀口流通面积，单位为 m^2；Δp_{EV} 为进液阀阀口压差，单位为 Pa；Δp_{AV} 为出液阀阀口压差，单位为 Pa；C_d 为流量系数；ρ 为制动液密度，单位为 kg/m^3。

轮缸中制动液体积变化量计算如下：

$$\Delta V = \int (q_{EV} - q_{AV}) dt \tag{4.33}$$

式中，t 为时间，单位为 s。

轮缸压力通过插值计算如下：

$$P = \text{PV\_at}(V+\Delta V) \tag{4.34}$$

2. 踏板位移传感器有效性识别

在识别踏板位移传感器的有效性时，同样要首先观察传感器是否存在信号恒定和信号跳跃失效现象，如果不存在，则判断是否有信号偏差失效。

对于信号偏差失效的识别，根据上文对需求制动力计算方法的阐述可知，考虑空行程和系统阻尼影响后，由踏板位移可以计算出制动能量回收系统的参考主缸压力。若制动能量回收系统有主缸压力传感器，则选取主缸压力传感器信号作为识别踏板位移传感器有效性的参考信号。若主缸压力传感器信号有效且与参考主缸压力偏差较大，则踏板位移传感器存在偏差失效。

若制动能量回收系统没有主缸压力传感器或主缸压力传感器也失效，则选取未解耦时各轮缸压力传感器信号或轮缸估算压力信号作为参考信号。若参考主缸压力与轮缸压力或轮缸估算压力偏差较大，则踏板位移传感器存在偏差失效。

4.3.2.2 失效处理方法

主缸压力和踏板位移为驾驶员制动需求模块的输入，在制动需求计算前需判断压力和位移信号的有效性，若其中有一路信号失效，则采用另一路信号进行制动需求的计算，这可能致使制动需求计算精度降低，影响多次制动的一致性，但对单次制动的安全性不会造成影响。

若制动能量回收系统只有一路信号（仅有踏板位移传感器或仅有主缸压力传感器）且信号失效，或有两路信号且两路信号均失效，则此时制动能量回收系统缺少必要的冗余备份，为保证制动安全性，此时必须退出能量回收，进入第2章所述的失效工作状态。

参 考 文 献

[1] 钱宇翔. 新能源车永磁同步电机控制系统设计 [D]. 上海：上海交通大学, 2012.

[2] JAUER D U, KARDEN E, FRICKE B, et al. Charging performance of automotive batteries—An underestimated factor influencing lifetime and reliable battery operation [J]. Journal of Power Sources, 2007, 168 (1): 22-30.

[3] AMIRI M, ESFAHANIAN M, HAIRI-YAZDI M R, et al. Minimization of power losses in hybrid electric vehicles in view of the prolonging of battery life [J]. Journal of Power Sources, 2009, 190 (2): 372-379.

[4] 邵海岳, 钟志华, 何莉萍, 等. 电动汽车用 NiMH 电池建模及基于状态空间的 SOC 预测方法 [J]. 汽车工程, 2004, 26 (5): 534-537.

[5] 肖蕙蕙, 王志强, 李山, 等. 电动汽车动力锂离子电池建模与仿真研究 [J]. 电源学报, 2012 (1): 41-44.

［6］ 杨阳，秦大同，胡明辉，等. 基于效率优化的混合动力再生制动控制策略［J］. 中国机械工程，2009，20（11）：1376-1380.

［7］ 尚明利. 混合动力汽车再生制动与稳定性集成控制算法研究［D］. 长春：吉林大学，2011.

［8］ 胡明辉，秦大同，舒红，等. 混合动力汽车电池管理系统 SOC 的评价［J］. 重庆大学学报（自然科学版），2003（4）：20-23.

［9］ 孙磊. HEV 驾驶员制动意图识别及控制算法研究［D］. 长春：吉林大学，2012.

［10］ THEODORIDIS S, KOUTROUMBAS K. Pattern recognition［M］. Amsterdam：Elsevier，2006.

［11］ 李寿涛，郭立书，施瑞康，等. 一种可识别驾驶员制动意图的制动方法：200910100022.4［P］. 2009-11-18.

［12］ 魏春源. 汽车安全性与舒适性系统［M］. 北京：北京理工大学出版社，2007.

［13］ 刘东辉，吴初娜. 基于霍尔传感器的制动踏板行程测量系统设计［J］. 长安大学学报（自然科学版），2012，32（2）：106-110.

［14］ 李秦君，王明伟. 约翰逊噪声精确测温系统的虚拟仪器实现［J］. 计算机测量与控制，2009，17（11）：2118-2120.

［15］ 张志文，黄耀峰. 电气设备外部噪声的抗干扰技术［J］. 西安工业学院学报，1999（3）：217-221.

［16］ 刘竹琴，白泽生. 传感器电路的噪声及其抗干扰技术研究［J］. 现代电子技术，2011，34（14）：161-165.

［17］ 张志利，郭进军. 基于 JN5121 单片机的电磁阀信号数字滤波算法实现［J］. 电子测量技术，2008，31（10）：152-154.

［18］ 沈兰荪. 微型机数据采集系统 第十一讲 外部噪声的抑制［J］. 电子技术应用，1986（11）：41-45.

［19］ ALAN V O, ALAN S W, HAMID N. 信号与系统（第二版）［M］. 刘树棠，译. 北京：电子工业出版社，2020.

［20］ 赛吉尔呼. 基于智能算法的汽车主动降噪系统研究与设计［D］. 上海：东华大学，2015.

［21］ 曹斌芳，何怡刚，李建奇. 改进型最小均方算法的仿真比较及在语音提取中的应用［J］. 噪声与振动控制，2008（2）：98-101.

［22］ 耿妍，张端金. 自适应滤波算法综述［J］. 信息与电子工程，2008（4）：315-320.

第 5 章

制动力分配与稳定性协调控制算法

制动力分配与稳定性协调控制算法位于控制软件的逻辑层,其接收来自感知层的信息,常规制动时由制动力分配算法进行电机与液压制动力的分配,当车辆触发防抱死及车身稳定性控制系统时,由稳定性协调控制算法进行电机与液压制动力的分配,二者均输出目标电机制动转矩与目标轮缸压力给执行层。本章依次对制动力分配算法与稳定性协调控制算法进行介绍,其中制动力分配算法包含并联制动力分配算法与几种典型的串联制动力分配算法,稳定性协调控制算法包括防抱死协调控制算法与车身稳定协调控制算法。

5.1 制动力分配算法

不同制动状态下,制动能量回收系统的电机制动力与液压制动力应按照不同的规则分配,其中滑行制动时电机一般需提供可覆盖大部分市区工况的制动力矩;常规制动时电机与液压共同制动,充分发挥电机的制动能力;紧急制动时,通常优先使用液压制动系统,并退出电机制动;空档制动时,通常关闭能量回收功能,液压制动系统提供全部制动力。在以上四种制动状态中,滑行、紧急和空档制动为纯电机和纯液压制动过程,不涉及电机与液压制动力的分配,在此不做赘述;本节重点介绍常规制动状态下新能源汽车电机与液压制动力的分配方式。

常规制动时,制动能量回收系统需要确定电机与液压制动力的分配比例。从理论上来讲,为了提高回收能量,应尽可能增大电机制动力。然而,受电机回收能力和车辆驱动形式影响,电机制动力存在上限。以电机前置前驱的新能源汽车为例,其电机制动力的上限是前轴制动力和电机最大制动转矩间的较小值,因此,在电机制动力充足的情况下,前轴制动力占总制动力的比例决定了制动能量回收系统的节能潜力。

前轴制动力的增加有利于提高新能源汽车的节能效果,但会改变前后轴制动力分配关系，导致前轴容易抱死，并频繁触发防抱死系统。因此，为了改善制动能量回收系统的综合性能，制动力分配算法不仅要考虑电机与液压制动力的分配关系，还要考虑前后轴制动力之间的分配关系。

本节首先对制动力分配理论进行介绍，明确前后轴制动力分配的限制条件，然后分别对并联制动力分配算法和串联制动力分配算法进行分析，以获得目标电机制动转矩与目标液压制动力。

5.1.1 制动力分配理论

对于一般汽车而言，当其制动器制动力充足时，制动过程中可能出现如下三种情况[1]。

1）前轮先抱死拖滑，然后后轮抱死拖滑。
2）后轮先抱死拖滑，然后前轮抱死拖滑。
3）前后轮同时抱死拖滑。

在上述三种情况中，1）是稳定工况，但汽车在该状态将失去转向能力，同时路面附着条件也没有得到充分利用；2）是不稳定工况，后轴可能出现侧滑，同时路面附着系数利用率也低；3）是理想工况，汽车此时不仅方向稳定性最好，同时路面附着条件利用情况也最好。

当汽车制动时处于理想工况，即前轴车轮和后轴车轮均充分利用路面附着条件时，汽车前后轴制动力需要满足如下条件：

$$\begin{gathered} F_{\mu f}+F_{\mu r}=F_{bf}+F_{br}=\mu G \\ F_{\mu f}=F_{bf}=\mu F_{Zf} \\ F_{\mu r}=F_{br}=\mu F_{Zr} \end{gathered} \tag{5.1}$$

式中，μ 为路面附着系数；$F_{\mu f}$ 为前轮地面制动力，单位为 N；$F_{\mu r}$ 为后轮地面制动力，单位为 N；F_{bf} 为前轮制动器制动力，单位为 N；F_{br} 为后轮制动器制动力，单位为 N；F_{Zf} 为前轮地面法向反作用力，单位为 N；F_{Zr} 为后轮地面法向反作用力，单位为 N。

考虑到汽车制动时会发生轴荷转移，当减速度为 j 时，地面对前轴和后轴法向反作用力为：

$$F_{Zf}=\frac{Mg}{L}\left(b+h_g\frac{j}{g}\right) \tag{5.2}$$

$$F_{Zr}=\frac{Mg}{L}\left(a-h_g\frac{j}{g}\right) \tag{5.3}$$

式中，M 为汽车总质量，单位为 kg；L 为车辆轴距，单位为 m；a 为车辆质心到前轴的距离，单位为 m；b 为车辆质心到后轴的距离，单位为 m；h_g 为车辆质心的高度，单位为 m；g 为重力加速度，单位为 m/s²。

由式（5.1）~式（5.3）可以得出，理想制动工况下，前轴车轮与后轴车轮的

制动力分配关系式如下:

$$F_{br} = \frac{1}{2}\left[\frac{G}{h_g}\sqrt{b^2 + \frac{4h_g L}{G}F_{bf}} - \left(\frac{Gb}{h_g} + 2F_{bf}\right)\right] \quad (5.4)$$

式中,G 即 Mg。

将式(5.4)绘成以 F_{bf}、F_{br} 为坐标的曲线,即为理想前后轴制动力分配曲线,简称 I 曲线,如图5.1所示。

根据式(5.4),可将理想制动力分配 I 曲线表示为:

$$F_{br} = f(M, h_g, b, L, F_{bf}) \quad (5.5)$$

式(5.5)中 M 是质量,h_g、b、L 都是质心位置参数,由此可知,I 曲线与车辆质量和质心位置相关,与制动系统参数无关。对于传统制动系统,若想满足 I 曲线,则需要根据车辆质量和质心位置调整前后轴制动器制动力的大小,使得制动系统的结构和控制非常复杂,实际应用中很难做到。

事实上,大部分车辆的前后轴制动力之比为一定值,可表示为:

$$\beta = \frac{F_{bf}}{F_b} = \frac{F_{bf}}{F_{bf} + F_{br}} \quad (5.6)$$

式中,β 为制动力分配系数,代表前轴制动力占总制动力的比值。

将式(5.6)绘成以 F_{bf}、F_{br} 为坐标的曲线,即为具有制动力分配系数为 β 的汽车前后轴制动力分配曲线,简称 β 线,如图5.1所示。

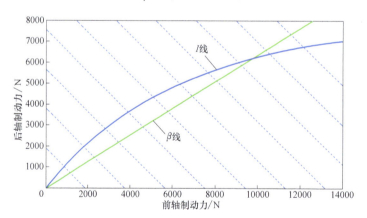

图 5.1 制动力分配曲线

如今市场上的乘用车大多具有防抱死控制功能(GB 21670—2008《乘用车制动系统技术要求及试验方法》要求乘用车必备),因此,即使汽车按 β 线分配前后轴制动力,导致制动时前轴或后轴车轮先抱死,防抱死功能也能使抱死车轮恢复旋转,从而避免侧滑或失去转向能力的情况出现。然而防抱死功能仅能保证汽车的基础安全性,无法确保良好的踏板感觉和最佳的制动性能。当汽车防抱死功能触发时,制动踏板有顶脚感,踏板感觉较差,同时路面附着条件也未得到充分利用。因此,为了改善踏板感觉和制动性能,需要合理分配前后轴制动力,减小防抱死功能触发的概率。

对一般汽车而言,汽车前后轴车轮对路面附着条件利用得越充分,其在同一路面条件下,触发防抱死功能的概率就越低。由于理想制动工况是路面附着条件利用度最高的工况,因此汽车厂商在设计制动力分配曲线时通常会尽可能让 β 线与 I 曲线靠近,从而降低同一路面条件下防抱死功能触发的概率,改善汽车的踏板感觉和制动性能。

5.1.2 并联制动力分配算法

根据本书第2章对并联构型的描述,并联构型以传统液压制动系统为基础,常规制动时,驾驶员踩下制动踏板,传统液压制动系统开始建压,轮缸中产生制动压力,同时电机适当地提供一部分制动转矩进行制动能量回收,从而发挥电机的制动能力;当车速过低时,电机制动力逐渐退出。

图 5.2 所示为并联构型的典型制动力变化曲线,可见并联构型在常规制动时液压制动力仅受踏板位移控制,无法电控调节,因此其制动力分配算法的关键为目标电机制动转矩的计算。

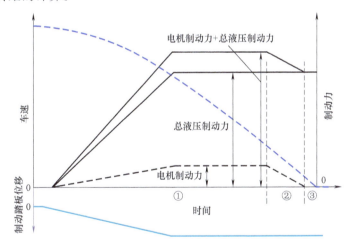

图 5.2　并联构型典型制动力变化曲线

当电机提供最大制动转矩时,并联制动能量回收系统具有最佳节能效果,然而由于电机最大制动转矩会随电机转速、电池最大充电电流而变化,从而导致驾驶员踏板位移一定时车辆减速度发生变化,影响驾驶员制动感觉,因此并联构型通常不会将电机控制在最大转矩工作点,电机目标制动转矩可表示为:

$$T_{\text{target}} = \min[T_{\max}, T_{\text{req}}] \quad (5.7)$$

式中,T_{target} 为电机目标制动转矩,单位为 N·m;T_{req} 为电机需求制动转矩,单位为 N·m;$T_{\max}$ 为电机最大制动转矩,单位为 N·m。

电机最大制动转矩由回收能力计算算法求得；电机需求制动转矩需要根据实车进行匹配，获得图 5.3 所示的电机需求制动转矩与踏板位移的关系曲线，即需求电机制动转矩随踏板位移以一定速率逐渐增大，当踏板位移增大到一定值后，需求电机制动转矩达到峰值。

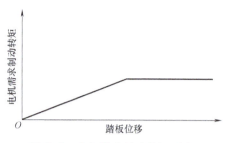

图 5.3 电机需求制动转矩-踏板位移关系曲线

根据图 5.3 所示关系曲线，需求电机制动转矩峰值和转矩变化斜率是并联制动力分配算法的关键标定参数。

对于需求电机制动转矩峰值的标定，需要综合考虑能量回收效果和制动感觉两方面因素。若峰值标定得过小，则能量回收效果较差；若峰值标定得过大，一方面，制动力分配曲线将大幅偏离 I 曲线，导致防抱死系统的触发概率增加；另一方面，过大的需求电机制动转矩会增大电机最大制动转矩小于需求电机制动转矩的概率，一旦最大制动转矩小于需求制动转矩，那么目标制动转矩将等于最大制动转矩，由于最大制动转矩随转速和最大充电电流的变化而不断波动，此时车辆的减速度将剧烈波动。实际工程经验中，电机制动转矩峰值贡献的整车减速度通常设定为 $0.1g\sim 0.15g$。

对于转矩变化斜率（变化速率）的标定，同样也需要在能量回收效果和制动感觉间取得平衡，若变化斜率较小，则电机制动转矩需要较长时间才能达到峰值，能量回收效果较差；若变化斜率较大，则电机制动转矩在踏板初段行程便能达到峰值，因此能有效提升能量回收效果，但这种控制方法会导致踏板初段行程制动力大幅度增加，制动感觉与传统汽车相比变化较大，如图 5.4 所示。

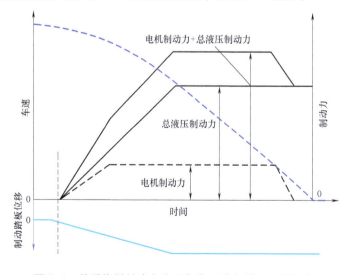

图 5.4 并联构型制动力分配曲线（增大转矩变化斜率）

5.1.3 串联制动力分配算法

根据本书第 2 章对串联构型的阐述,串联构型有单轴解耦和全解耦两种类型,常规制动时两种串联构型均可电控调节液压制动力,实现电机与单轴或双轴液压制动力的协调分配。本节重点对两种串联构型的制动力分配算法以及电液协调分配算法进行介绍。

5.1.3.1 单轴解耦构型的制动力分配算法

根据第 2 章对单轴解耦构型的分析,常规制动时,无论新能源汽车是否开启能量回收,单轴解耦构型的后轴制动过程均保持一致,即主缸后腔制动液全部进入后轴轮缸,相同踏板位移下,开启与关闭能量回收时的后轴制动力相等。考虑到串联制动能量回收系统在开启与关闭能量回收时应具有相同的制动感觉,相同踏板位移下,单轴解耦构型在开启与关闭能量回收时除了后轴制动力相等,其前后轴总制动力也应该保持相等,即单轴解耦构型在两种状态下前后轴制动力分配关系保持一致。由于单轴解耦构型关闭能量回收时等同于传统制动系统,其前后轴制动力按 β 线分配,因此开启能量回收时单轴解耦构型的前后轴制动力也应按 β 线分配。

当单轴解耦构型应用于前驱或后驱新能源汽车时,其解耦轴分别为前轴和后轴。以前驱车型为例,其制动力分配曲线如图 5.5 所示。若前轴电机制动力能够满足前轴需求制动力,前轴由电机单独制动;如果电机制动力已经达到极限却仍然无法满足前轴需求制动力,则由前轴液压制动力补偿剩余制动力。整个制动过程均不对后轴制动力进行控制,仅控制前轴液压制动力和电机制动力。

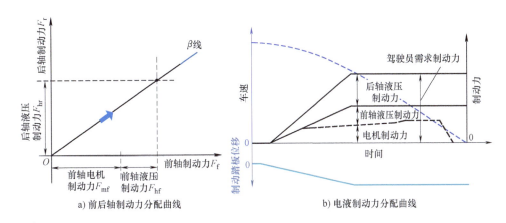

图 5.5 单轴解耦构型制动力分配曲线(前驱)

单轴解耦构型的前后轴制动力按 β 线分配,其前轴需求制动力为:

$$F_{\text{req\_f}} = F_{\text{req}}\beta \tag{5.8}$$

式中，F_{req_f} 为前轴需求制动力，单位为 N；F_{req} 为制动意图识别算法计算的驾驶员总需求制动力，单位为 N。

目标电机制动转矩为：

$$T_{target} = T_{max} \qquad \frac{T_{max}i}{r} \leqslant F_{req\_f}$$

$$T_{target} = \frac{F_{req\_f}r}{i}$$

$$\frac{T_{max}i}{r} > F_{req\_f} \qquad (5.9)$$

式中，i 为总传动比；r 为车轮滚动半径，单位为 m。

将目标电机制动转矩转化为电机制动力，则前轴目标液压制动力为：

$$F_{hf\_tar} = F_{req\_f} - F_{m\_tar} = F_{req\_f} - \frac{T_{target}i}{r} \qquad (5.10)$$

式中，F_{hf_tar} 为前轴目标液压制动力，单位为 N；F_{m_tar} 为目标电机制动力，单位为 N。

将目标液压制动力转化为制动压力，则前轴目标压力为：

$$P_{f\_tar} = \frac{2F_{hf\_tar}r}{\pi D_f^2 R_f K_{bf}} \qquad (5.11)$$

式中，P_{f_tar} 为前轴目标压力，单位为 Pa；D_f 为前轮制动轮缸直径，单位为 m；R_f 为前轮有效作用半径，单位为 m；K_{bf} 为前轮制动效能因数。

当单轴解耦构型应用于四驱新能源汽车时，其解耦轴通常为电机功率、转矩或效率更大的驱动轴。若前轴电机的功率、转矩或效率更大，则前轴为解耦轴；若后轴电机的功率、转矩或效率更大，则后轴为解耦轴。对于非解耦轴上的电机，为了获得更好的能量回收效果，可在液压的基础上叠加一定程度的电机制动转矩，此时非解耦轴即等同于并联构型。当然，非解耦轴上的电机也可以完全不参与能量回收，尽管其节能效果稍差，但制动感觉更好。

5.1.3.2 全解耦构型的制动力分配算法

为了充分发挥电机制动性能，全解耦构型的制动力分配算法优先分配电机制动转矩，当电机制动力能够满足驾驶员需求制动力时，整车制动力全部由电机提供；如果电机制动力已经达到极限却仍然无法满足驾驶员需求制动力，则由前后轴液压制动力补偿剩余制动力。相比单轴解耦构型的制动力分配算法，全解耦构型的制动力分配算法在小强度制动阶段可以实现纯电机制动，能量回收效果更好。

当全解耦构型应用于前驱或后驱新能源汽车时，其目标电机制动转矩为：

$$T_{target} = T_{max}$$

$$\frac{T_{\max}i}{r} \leqslant F_{\text{req}}$$

$$T_{\text{target}} = \frac{F_{\text{req}}r}{i} \tag{5.12}$$

$$\frac{T_{\max}i}{r} > F_{\text{req}}$$

当全解耦构型应用于四驱新能源汽车时，其前后轴电机均可以提供制动转矩。为了提高能量回收效果，制动力分配算法在确定电机目标制动转矩时，不仅要考虑前后轴电机的最大制动转矩，还要考虑前后轴电机的效率。

制动能量回收过程中，电机效率是转矩和转速的函数，可表示为：

$$\eta_{\text{m}} = f_{\text{m}}(T_{\text{m}}, n_{\text{m}}) \tag{5.13}$$

式中，η_{m} 为电机效率；T_{m} 为电机转矩，单位为 N·m；n_{m} 为电机转速，单位为 r/min。

电机制动功率为：

$$P_{\text{m}} = \frac{T_{\text{m\_f}}n_{\text{m\_f}}\eta_{\text{m\_f}} + T_{\text{m\_r}}n_{\text{m\_r}}\eta_{\text{m\_r}}}{9550} \tag{5.14}$$

式中，P_{m} 为电机制动功率，单位为 W；$T_{\text{m\_f}}$ 和 $T_{\text{m\_r}}$ 分别为前后轴电机制动转矩，单位为 N·m；$n_{\text{m\_f}}$ 和 $n_{\text{m\_r}}$ 分别为前后轴电机转速，单位为 r/min；$\eta_{\text{m\_f}}$ 和 $\eta_{\text{m\_r}}$ 分别为前后轴电机效率。

制动时，总的电机制动转矩 $T_{\text{m\_all}}$ 为：

$$T_{\text{m\_all}} = T_{\text{m\_f}} + T_{\text{m\_r}} \tag{5.15}$$

在不同制动阶段，电机制动转矩存在不同的限制条件，可表示为：

$$\begin{aligned} 0 &\leqslant T_{\text{m\_all}} \leqslant \frac{F_{\text{req}}r}{i} \\ 0 &\leqslant T_{\text{m\_f}} \leqslant T_{\max\_f} \\ 0 &\leqslant T_{\text{m\_r}} \leqslant T_{\max\_r} \end{aligned} \tag{5.16}$$

式中，$T_{\max\_f}$ 为前轴电机最大制动转矩，单位为 N·m；$T_{\max\_r}$ 为后轴电机最大制动转矩，单位为 N·m。

由式（5.13）~式（5.16）可以看出，在限制条件范围内，通过寻优求解前后轴电机制动转矩，可以对电机制动功率进行优化，使前后轴总电机制动功率达到最大，从而提高能量回收效果，寻优得到的前后轴电机制动转矩即为四驱新能源汽车的前后轴目标电机制动转矩。

当目标电机制动力无法满足驾驶员需求制动力时，全解耦构型通过前后轴液压补偿剩余制动力，前后轴总目标液压制动力可表示为：

$$F_{\text{h\_tar}} = F_{\text{req}} - F_{\text{m\_tar}} \tag{5.17}$$

式中，$F_{\text{h\_tar}}$ 为前后轴总目标液压制动力，单位为 N。

具体到总目标液压制动力在前后轴之间的分配，主要有以下三种方式。

1）优先分配前轴液压制动力，当前轴液压制动力不足以满足总液压制动力需求时，后轴液压介入补偿剩余所需制动力。

2）优先分配后轴液压制动力，当后轴液压制动力不足以满足总液压制动力需求时，前轴液压介入补偿剩余所需制动力。

3）前后轴液压同步介入补偿所需制动力。

由于全解耦新能源汽车具有防抱死功能，因此确定目标电机制动转矩后，其前后轴液压制动力无论采用何种分配方式，新能源汽车均能在保证基础安全性的前提下获得最佳的能量回收效果。然而具体到不同驱动形式的新能源汽车，不同的液压分配方式会对制动感觉和制动性能产生不同影响。以前驱新能源汽车为例，若其采用优先前轴液压的分配方式，其制动力分配曲线如图 5.6 所示，可见在一次完整制动过程中，驾驶员需求制动力大多数时间均由前轴独自提供，只有在车速较低，电机制动力退出时，后轴制动力才逐渐介入。因此，这种分配方式将制动力过于集中在前轴，若新能源汽车行驶在附着条件较差的路面上，汽车前轴将频繁触发防抱死装置，导致附着系数利用率低，制动感觉较差。

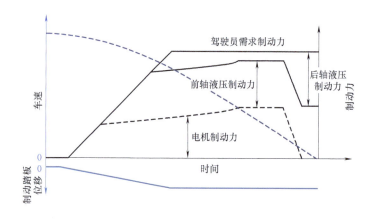

图 5.6　全解耦构型制动力分配曲线（前驱前轴液压优先）

若前驱新能源汽车采用优先后轴液压的分配方式，其制动力分配曲线如图 5.7 所示，可见在一次完整制动过程中，这种分配方式的前后轴制动力分配较为均衡，同等路面条件下，可明显减小防抱死装置的触发概率，制动感觉和制动性能较好。

若前驱新能源汽车采用前后轴液压同步介入的分配方式，其制动力分配曲线如图 5.8 所示。相比上述两种分配方式，这种分配方式的均衡性介于二者之间。因此，对于前驱新能源汽车而言，优先后轴液压的分配方式是上述三种分配方式中最佳的分配方式。同理，对于后驱新能源汽车，优先前轴液压的分配方式是最佳的分配方式；对于四驱新能源汽车，前后轴液压同步介入的分配方式则是最佳分配方式。

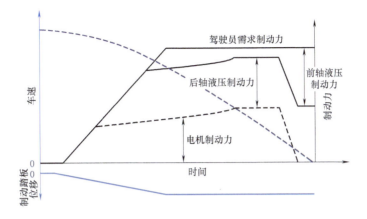

图 5.7　全解耦构型制动力分配曲线（前驱后轴液压优先）

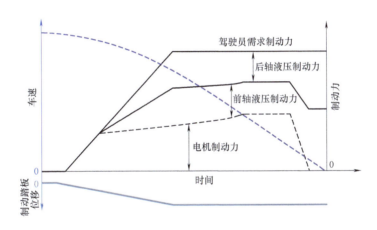

图 5.8　全解耦构型制动力分配曲线（前驱前后轴液压同步）

5.1.3.3　串联电液协调分配算法

简而言之，上述串联制动力分配算法的分配过程为优先计算电机制动转矩，当电机制动转矩不能满足驾驶员制动需求时，由液压制动力补偿剩余制动需求。然而受制动系统液压调节能力的限制，在某些制动工况，液压制动力并不能及时响应驾驶员的剩余制动需求，因此，需要根据各液压系统的压力调节能力对电机和液压制动力进行进一步协调[2]。

当新能源汽车处于制动能量回收状态时，低速制动和换档制动是液压变化幅度较大的两个状态，对制动系统的压力调节能力要求较高。本节以低速制动和换档制动两个过程为例，分析其电机与液压制动力的协调方法。

1. 低速制动

对于没有变速器或搭载无级变速器的新能源汽车，低速制动对制动系统的压力调节能力要求较高。新能源汽车在车速较低时,电机制动转矩必须退出,此时液压制动力应及时进行补偿。电机转矩的退出是由其本身工作特性决定的,如图5.9a所示,根据电机制动的形式,电机制动外特性曲线可分为耗电制动区和回馈制动区。在回馈制动区内,电机可通过发电作用产生制动转矩,将汽车的动能转化为电能存储在电池中;而在耗电制动区内,电机无法回收能量,需通过电池放电才能产生制动转矩。因此,在回馈制动区和耗电制动区之间存在一条理想电机转矩退出曲线,电机转速较低时,按该曲线退出电机制动转矩,可获得最佳的制动能量回收效果。

如图5.9a所示,根据电机转速与车速的对应关系,理想电机转矩退出曲线具有固定的退出车速,其从v_{start}开始逐渐退出电机转矩,至v_{stop}时电机转矩完全退出。假设新能源汽车在电机转矩退出前为纯电机制动,其在不同制动强度下车速、电液制动力及增压速率的典型变化曲线如图5.9b所示。由图5.9b可见,当制动强度较小时,按照理想退出曲线,电机制动转矩需要较长的时间才能完全退出,此时对增压速率的要求较小,液压制动系统的压力调节能力一般可以满足要求;而在制动强度较大时,电机制动转矩随车速的减小而迅速减小,相应的液压制动力应迅速增加,此时液压制动系统应具备很大的增压速率。然而过大的增压速率要求液压系统以高负荷工作,并且还会产生较大的制动噪声,考虑到液压系统的可靠性和制动舒适性,最大增压速率通常设置得较小,难以满足大强度制动时理想退出曲线对液压系统增压速率的要求。

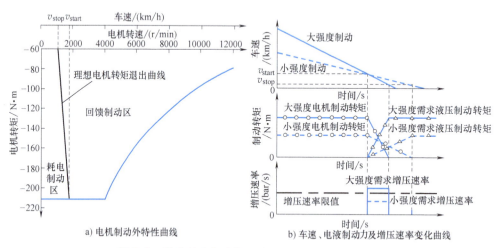

图5.9 低速制动电液协调过程(按理想曲线退出)

注:1bar=10^5Pa。

为了使新能源汽车的液压增压速率在不同制动强度下均能保持在最大限值以内,新能源汽车通常会增大初始电机退出车速v_{start}。如图5.10所示,当初始电机退出车速由v_{start}增加到v'_{start}时,不同制动强度下电机的退出速率与液压的增压速率均明显降低，可保持在增压速率限值以下。但由于增大了电机初始退出车速，且退出车速固定不变，因此这种方法往往过早退出电机制动转矩，未能充分发挥电机的制动能力与液压的增压性能，制动能量回收效果较差。

  反之，若减小初始电机退出车速，则可以提高能量回收效果，但增压速率可能超出限值。新能源汽车应该在确保液压系统可靠性和制动舒适性的前提下，提升能量回收效果。具体到低速制动电液协调过程，在确保增压速率不超过限值的前提下，新能源汽车应尽量减小初始电机退出车速。如图 5.10 所示，大强度制动时，需求增压速率达到限值，v'_{start} 为大强度制动时的最小初始电机退出车速；而小强度制动时，需求增压速率远未达到限值，可进一步减小初始电机退出车速。

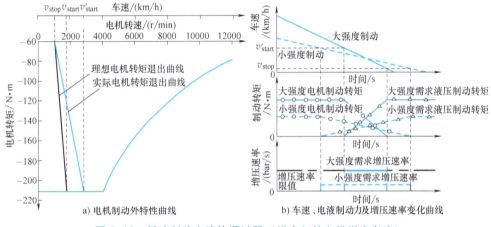

图 5.10 低速制动电液协调过程（增大初始电机退出车速）

  由此可见，根据新能源汽车的制动强度确定初始电机退出车速，既能保证液压系统可靠性和制动舒适性，也能获得较高的能量回收效果。如图 5.11 所示，当制

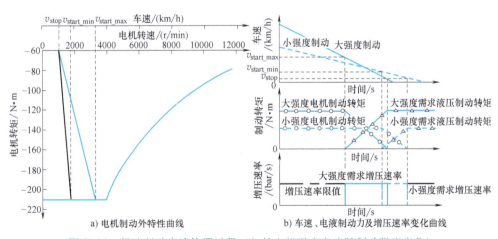

图 5.11 低速制动电液协调过程（初始电机退出车速随制动强度变化）

动强度较大时，这种方法采用较大的初始电机退出车速 $v_{\text{start\_max}}$；当制动强度较小时，其使用较小的初始电机退出车速 $v_{\text{start\_min}}$，整个制动过程的增压速率均保持在限值以内。

相比上述增大初始电机退出车速的方法，这种方法在中小强度制动时具有更好的能量回收效果，同时增压速率也能保证在限值以内，不影响系统的可靠性和制动舒适性。然而这种方法需要进行大量的标定实验，复杂程度更高。相较而言，增大初始电机退出车速的方法具有固定的退出车速，只需要确定一条电机退出曲线，工程上更容易实现。

2. 换档制动

对于搭载有级变速器，如单速变速器、双离合变速器（DCT）、自动变速器（AT）和电控机械式自动变速器（AMT）等的新能源汽车，除了低速制动工况，换档制动也是液压制动系统压力变化幅度较大的工作状态，对制动系统的压力调节能力要求较高。

这类新能源汽车在换档过程中需要断开电机与变速器的机械连接，必然导致电机制动力的中断，使制动安全性和制动感觉变差。以搭载 AMT 自动变速器的前驱新能源汽车为例，其典型换档过程有离合器分离、脱档、挂新档和离合器结合四个阶段。假设某一时刻驾驶员总需求制动力保持稳定，且换档过程中汽车前后轴制动力分配比例不变，则换档前驾驶员总需求制动力与前后轴目标液压制动力和前轴目标电机制动力的关系如下：

$$F_{\text{req}} = F_{\text{hf\_tar}} + F_{\text{hr\_tar}} + F_{\text{m\_tar}} \tag{5.18}$$

随着 AMT 变速器开始换档，其首先要经历离合器分离阶段，虽然该阶段持续的时间很短，但电机仍然会暂时中断与变速器的连接，从而导致电机制动力无法作用在驱动轴上，即电机制动力为 0。为了满足驾驶员需求的制动力，此时前轴目标液压制动力应增加，驾驶员总需求制动力仅由前后轴液压制动力提供，可表示为：

$$F_{\text{req}} = F_{\text{hf\_tar}} + F_{\text{hr\_tar}} \tag{5.19}$$

换档结束后，随着离合器的结合，电机制动力迅速恢复，此时前轴目标液压制动力应减小，驾驶员总需求制动力由电机与前后轴液压制动力共同提供。

受液压系统压力调节能力的限制，实际换档过程中，前轮液压制动力响应目标液压制动力时往往存在延迟。图 5.12 所示为实际换档过程中新能源汽车实际制动力的变化曲线，可见在 t_1 换档开始后，电机制动力因离合器分离而瞬间中断，前轮液压制动力无法及时响应目标制动需求，经 Δt_1 的延迟后才达到目标制动力的大小，导致总制动力在 t_1 时刻瞬间减小，Δt_1 时刻后才恢复到需求值。同样，在 t_2 换档结束时，电机制动力的突然恢复，使总制动力突然增大，前轴液压制动力经过 Δt_2 的延迟才完成总制动力的调整。

传统 AMT 变速器的档位通常根据车速、踏板开度等参数来确定，为了改善换档过程的制动平顺性，可根据 AMT 的换档规律来判断其换档时机，在换档开始前对电机与液压制动力进行调整，如图 5.13 所示。

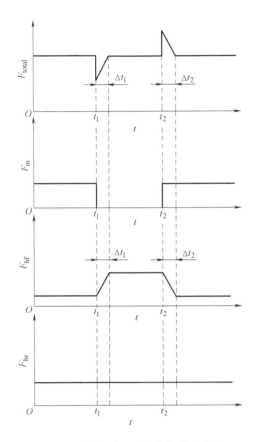

图 5.12 换档过程中新能源汽车实际制动力的变化曲线

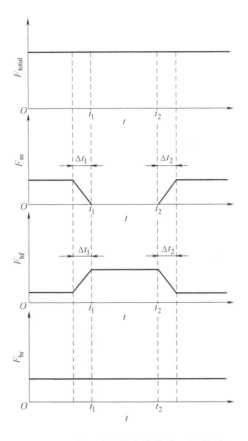

图 5.13 换档制动力的变化曲线（调整后）

当新能源汽车检测到 AMT 变速器即将换档时，在开始前的 Δt_1 时刻对各制动力进行调整，以最大增压速率增加液压制动力，剩余制动需求由电机制动力补偿。同样，在换档结束时也可按照此方法提前增大和减小电机与液压制动力。通过此方法，新能源汽车换档前后的总制动力可维持不变，制动平顺性有所提升。然而由于电机制动力在换档过程中经历了逐渐退出与逐渐恢复的过程，制动能量回收效果有所降低。

为了提高能量回收效果，在设计 AMT 变速器换档逻辑时，可将换档制动分为先制动后换档与先换档后制动两种状态。当驾驶员先踩下制动踏板，而变速器未换档时，可使变速器保持档位不变，避免因换档带来的能量损失；当变速器先换档，而驾驶员后踩下制动踏板时，变速器应尽量减少换档次数。

此外，若换档结束后 AMT 变速器为空档，则电机制动力无法作用在车轮上，电机制动力退出后不再回复，总制动力仅由前后轴液压制动力提供。

5.2 防抱死协调控制算法

当防抱死系统工作时,传统车辆仅通过控制轮缸制动压力使车轮维持在最佳滑移率附近,新能源汽车由于增加了电机制动力,势必对防抱死控制功能产生一定影响。为了避免该影响,必须在制动能量回收系统中引入防抱死协调控制机制。本节首先对防抱死控制理论进行介绍,然后对传统防抱死的工作特点进行分析,最后基于传统防抱死的控制理论和工作特点,设计防抱死协调控制算法。

5.2.1 防抱死控制理论

当汽车车轮抱死滑移时,车轮与路面间会丧失附着力。如果前轮抱死而后轮还在滚动,汽车将失去转向能力;如果是后轮抱死而前轮还在滚动,汽车只要受到侧向干扰,就将产生侧滑甩尾现象。因此,汽车制动时应避免车轮抱死,使车轮处于边滚边滑的状态。车轮的滑移状态一般用滑移率表示:

$$S = \frac{v - \omega r}{v} \times 100\% \qquad (5.20)$$

式中,v 为车速,单位为 m/s;S 为滑移率;r 为车轮滚动半径,单位为 m;ω 为车轮角速度,单位为 rad/s。

如图 5.14 所示,车轮纵向附着系数与路面状况和车轮滑移率有关,同一路面条件下,滑移率在 10%~20% 时,纵向附着系数最大[3]。此时,若地面对车轮法向作用力一定,汽车将得到最大的纵向制动力,相应的制动距离也最短。此外,如图 5.15 所示,当车轮具有纵向峰值附着系数时,汽车的侧向附着系数也较大,这有利于维持汽车稳定性和转向控制能力[4]。因此,为了充分发挥轮胎与路面间的附着能力,有必要时刻调节制动转矩,使车轮滑移率保持在最佳滑移率附近,这也是防抱死系统的控制目标。

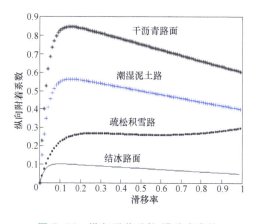

图 5.14 纵向附着系数-滑移率曲线

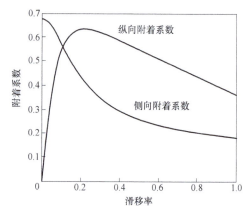

图 5.15 侧向附着系数-滑移率的关系

传统防抱死控制系统通过调节轮缸压力使车轮滑移率维持在最佳值附近,主要控制方法有逻辑门限值控制方法、PID 控制方法、模糊控制方法等。其中逻辑门限值控制方法是目前最成熟也是应用范围最广的方法,其将车轮滑移率与滑移率门限值进行比较,当滑移率触发门限值时,对轮缸压力进行调节[5-6]。然而,车轮打滑时,车速信息较难获得,只能根据各车轮的轮速推算当前时刻的参考车速,这给滑移率的测量带来很大困难,因此,单纯以滑移率作为逻辑门限值无法保证良好的防抱死控制效果。

根据制动车轮受力情况,可得制动器制动转矩 M_b 为:

$$M_b = \mu F_z r - I_w \ddot{\theta} \tag{5.21}$$

式中,μ 为路面附着系数;F_z 为车轮法向反力,单位为 N;I_w 为车轮转动惯量,单位为 $kg \cdot m^2$;θ 为车轮转角,单位为 rad。

汽车制动过程中,当超出地面附着极限时,地面制动力 μF_z 将减小,此时若制动器制动转矩 M_b 保持恒定,车轮角加速度势必变小。由于地面制动转矩 $\mu F_z r$ 比车轮惯性转矩大得多,即使路面附着系数发生极小变化,也会导致车轮角加速度变化明显,因此车轮角加速度也可作为逻辑门限值。

综上所述,为了改善防抱死系统的控制效果,当今汽车大多采用滑移率和车轮角加速度的双门限值控制方法,其控制原理如图 5.16 所示[7]。

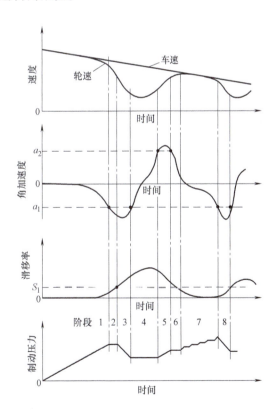

图 5.16 防抱死制动控制原理

根据图 5.16,传统防抱死控制过程可分为如下几个阶段。

阶段 1:随着制动压力的增加,轮速衰减比车速更快。

阶段 2:当车轮角加速度小于或等于门限值 a_1 时,附着力接近最大值,制动压力保持不变。

阶段 3:若滑移率进一步增大,并达到滑移率门限值 S_1,则制动轮缸减压。

阶段 4:当车轮角加速度再次达到门限值 a_1 时,轮缸重新进入保压状态。

阶段 5:尽管此时制动压力保持不变,但车轮因惯性作用会进一步加速转动。若车轮越过门

限值 a_2，则制动轮缸进入增压状态。

阶段 6 与阶段 7：保持制动系统压力，使车轮角加速度位于 $a_1 \sim a_2$，然后慢慢增压，直至车轮角加速度再次达到门限值 a_1。

阶段 8：本次循环以直接减压结束，然后进入下一个防抱死控制循环。

5.2.2 传统防抱死系统的工作特点

为了使搭载制动能量回收系统的汽车具有传统防抱死系统的控制效果，必须要明确传统防抱死系统的工作特点。以装备双门限值防抱死系统的传统汽车为测试对象，分别在高附着路面、低附着路面和对开路面进行实车试验，分析传统防抱死系统的控制特点。试验结果如图 5.17~图 5.25 所示。

1. 高附着路面试验结果

高附着路面试验结果如图 5.17~图 5.19 所示。由图可知，当防抱死控制系统触发时，传统汽车的前轴轮缸压力达到 11MPa，触发后在 0.04s 内减至 6MPa，减压速率达到 150MPa/s。首个防抱死控制循环中，滑移率最大达到 20%，约 0.14s 达到 10%，后续控制保证滑移率在 10% 附近波动。

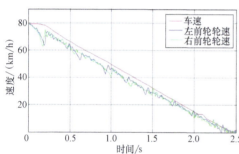

图 5.17 高附着路面车速及轮速时间历程　　图 5.18 高附着路面制动压力时间历程

2. 低附着路面试验结果

低附着路面试验结果如图 5.20~图 5.22 所示。由图可知，当防抱死系统触发时，传统汽车的前轴轮缸压力达到 3.2MPa，触发后在 0.1s 内将制动压力减至 0.2MPa，减压速率达到 30MPa/s。首个防抱死控制循环中，滑移率达到 35%，约 0.05s 达到 10%，后续控制保证滑移率在 10% 附近波动。

3. 对开路面试验结果

对开路面试验结果如图 5.23~图 5.25 所示。由图可知，当防抱死系统触发时，传统汽车的前轴轮缸压力达到 4MPa，触发后 0.1s 内低附着一侧将制动压力减至 0MPa，减压速率达到 40MPa/s，高附着一侧将两车轮压力差控制在 4MPa 范围内。首个防抱死控制循环中，低附着侧车轮滑移率在 0.1s 内上升到 60%，而此时高附着侧的滑移率仅达到 18%。

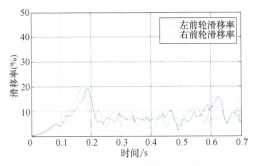

图 5.19 高附着路面车轮滑移率时间历程

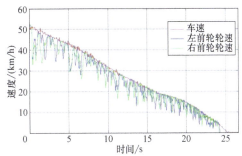

图 5.20 低附着路面车速及轮速时间历程

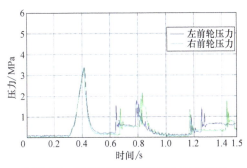

图 5.21 低附着路面制动压力时间历程

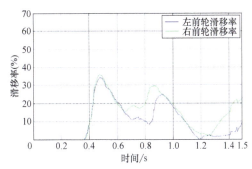

图 5.22 低附着路面车轮滑移率时间历程

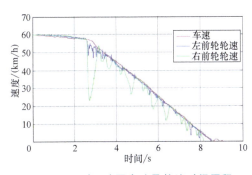

图 5.23 对开路面车速及轮速时间历程

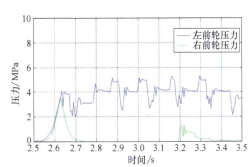

图 5.24 对开路面制动压力时间历程

综上分析,传统防抱死系统的工作特点如下。

1)无论路面附着条件如何,传统防抱死控制在防抱死控制首循环中的减压幅度和减压速率均最大。

2)防抱死控制过程中,车轮滑移率总在一定范围内波动,相应的轮缸压力和轮速也在不断波动。

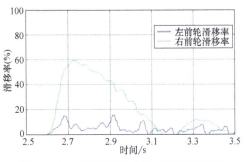

图 5.25 对开路面车轮滑移率时间历程

3）防抱死控制过程中，对开路面左右两侧车轮压力控制方式不同步，低附着一侧减压幅度较大。

5.2.3 防抱死协调控制算法

根据上文对传统防抱死系统工作特点的描述，传统防抱死在首循环控制中减压幅度和减压速率最大，此后的防抱死控制过程中轮缸压力始终不断波动，并且对开路面下两侧车轮压力不一致。因此，为了使新能源汽车的防抱死功能具有与传统防抱死功能相当的制动表现，新能源汽车的电机液压复合制动系统必须具备快速、大幅度且独立调节各车轮制动力的能力。具体到防抱死控制过程中的电液协调方式，目前主要有三种典型控制算法，下面以前驱新能源汽车为例，介绍三种典型控制算法的基本原理。

1. 电机制动力完全退出，防抱死控制完全由液压系统执行

当防抱死系统触发时，这种方法以最大速率退出电机制动力，在防抱死首循环即将电机制动力全部退出，后续防抱死控制完全由液压系统完成。由于电机制动力具有响应迅速快、控制准确的特点，可以满足传统防抱死功能对首循环减压性能的要求。随着电机制动力的完全退出，新能源汽车进入纯液压防抱死阶段，该过程与传统防抱死的控制方式完全相同，工作特点与传统防抱死系统一致。

图 5.26 所示为该方法在防抱死控制过程中的单轮制动力变化曲线。图中 t_1 为防抱死功能触发时刻；①为首循环协调模式，电机制动力以最大速率减小至 0，液压制动力补偿剩余制动需求；度过该模式后，防抱死系统进入纯液压控制状态，系统按照双门限值控制方法进行控制。图中，②为防抱死保压模式，③为防抱死增压模式，④为防抱死减压模式。

这种方法最大限度沿用了传统防抱死系统的控制逻辑，当防抱死功能触发后，只有首循环控制存在电液制动力的协调，随后的防抱死控制完全没有电机制动力的干扰，因此，其具有控制简单和稳定性好的优点。然而，这种方法没有充分发挥电机的能量回收作用，防抱死控制阶段回收的能量较少。

2. 电机制动力缓慢退出，防抱死控制由电机与液压共同执行

为了进一步发挥电机在防抱死控制过程中的能量回收作用，一种电机制动力协调退出方法应运而生。如果防抱死功能触发前电机制动力为 0，则直接按照常规防抱死控制方法进行控制。如果电机制动力不为 0，则需对电机制动力和液压制动力进行协调控制。协调控制的控制逻辑与传统双门限值控制方法一致，控制过程中的单轮制动力变化曲线如图 5.27 所示。

图 5.27 中①为防抱死减压模式，此时电机与液压制动力均减小；②为防抱死保压模式，此时液压制动力增加，电机制动力减小；③为防抱死增压模式，此时液压制动力增加，电机制动力维持不变。

由图 5.27 可见，这种方法在增压过程中保持电机制动力不变，而在减压和保

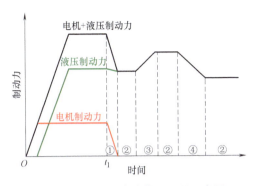

图 5.26 防抱死电液协调机制示意图
（电机制动力完全退出）

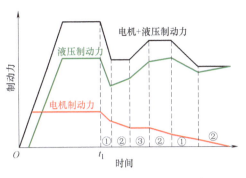

图 5.27 防抱死电液协调机制示意图
（电机制动力缓慢退出）

压过程中逐渐减小电机制动力，剩余制动力需求则由液压补偿。由于电机制动力为轴控制，为实现各车轮制动力的独立调节，两侧车轮的电机制动力按低附着一侧的控制目标确定，液压制动力补偿各车轮剩余制动需求。

相比第一种控制方法，这种方法减小了电机制动力的退出速率，增大了电机制动力在防抱死制动时的介入程度，因此，其可以回收更多能量，同时能有效减小制动器摩擦片的磨损程度，防止因温度过高而产生的热衰退现象。然而，这种方法需要在整个防抱死制动过程中协调电机与液压制动力的分配关系，控制难度较大。

3. 电机与液压制动力独立控制

上述两种方法都是以液压调节为主进行防抱死控制，电机制动力的调节仅在减压过程中对防抱死轮速控制产生影响，未能充分发挥电机制动力响应速度快与控制精度高的优势。为了提高防抱死控制效果，也有厂家采用电机与液压独立控制的防抱死控制方法。如果防抱死功能触发前电机制动力为 0，则直接按照常规防抱死控制方法进行控制；如果液压制动力为 0，则防抱死控制完全由电机执行；如果电机与液压制动力均不为 0，则二者进行独立控制。下面以电机液压复合制动过程为例介绍该方法的工作过程。

防抱死独立控制过程中单轮制动力变化曲线如图 5.28 所示。这种方法依然采用滑移率和车轮角加速度作为防抱死控制的门限值，当滑移率和角加速度触发门限值后，汽车进入防抱死增压、减压与保压模式。图 5.28 中，①为防抱死减压模式，电机与液压制动力同时减小；②为防抱死保压模式，电机与液压制动力保持不变；③为防抱死增压模式，电机与液压制

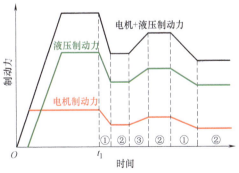

图 5.28 防抱死电液协调机制示意图
（电机液压独立控制）

动力均增大。同第二种方法一样,由于电机制动力为轴控制,为实现各车轮制动力的独立调节,两侧车轮的电机制动力按低附着一侧的控制目标确定,液压制动力则依然根据各车轮滑移率和角加速度确定。

相比上述电机协调退出的方法,独立控制方法的电机与液压制动力仅受滑移率和角加速度影响,不需要相互协调,因此其控制难度小。同时这种方法可以充分发挥电机制动力响应速度快和控制精度高的优点,有利于防抱死性能的提升。然而,由于电机与液压制动力之间没有协调,这种方法在增压减压过程中容易出现超调现象。为了避免超调,需要对电机制动力的变化速率与峰值进行限制,增加了试验标定的工作量。

5.3 车身稳定协调控制算法

汽车制动稳定性有纵向稳定性和侧向稳定性两个方面,纵向稳定性主要由防抱死控制功能保证,侧向稳定性主要由车身稳定性控制功能保证。传统汽车通过调节轮缸压力实现车身稳定控制功能,新能源汽车由于增加了电机制动力,势必对车身稳定性控制功能产生一定影响。为了避免该影响,必须在制动能量回收系统中引入稳定性协调控制机制。本节首先对车身稳定控制理论进行介绍,然后介绍车身稳定协调控制算法。

5.3.1 车身稳定控制理论

汽车转弯行驶时,如果前轮首先达到附着极限,则会失去侧向抓地力,此时无论驾驶员怎么转动转向盘也不能缩小转弯半径,从而出现转向不足现象;如果后轮首先达到附着极限,则会出现"甩尾"现象,此时汽车会变得极不稳定,车身被快速拉向转向一侧,这种现象又称为转向过度。为了避免车辆过弯时因转向不足或转向过度导致的危险状况,车身稳定性控制系统应运而生,其主要通过控制车辆制动和驱动系统,使车身产生回转力矩,以消除转向不足或转向过度现象,提升车辆的侧向稳定性,其控制效果如图 5.29 所示。

车身稳定性控制系统工作时首先要根据转向盘转角和主缸压力等信号判断驾驶员的驾驶意图,从而计算出车辆的各理想状态参数。通过将理想参数与传感器测得的车辆实际运行参数进行比较,可计算出车辆的目标横摆力矩。当车辆出现不足转向时,车身稳定性控制系统会给内侧后轮施加额外制动力以产生目标横摆力矩;当车辆出现过度转向时,车身稳定性控制系统会给外侧前轮施加额外制动力以产生目标横摆力矩。

5.3.2 车身稳定协调控制算法

根据上文对车身稳定控制原理的阐述可知,车身稳定性控制系统通过给单侧车

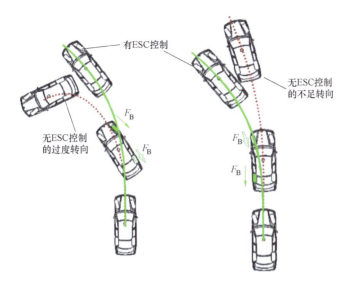

图 5.29　车身稳定控制效果

轮施加额外制动力来抑制不足转向和过度转向倾向。传统汽车的制动力均来自液压制动系统，新能源汽车有电机制动力和液压制动力两部分，由于电机制动力为轴控制，不能施加给单侧车轮，为避免电机制动力对车辆稳定性控制产生影响，新能源汽车触发车身稳定控制时通常采用电机制动力完全退出、液压制动系统补偿剩余所需制动力的方法。图 5.30 所示为车身稳定性控制系统触发后的单侧制动力变化曲线。

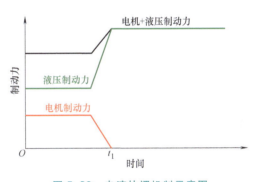

图 5.30　电液协调机制示意图

车身稳定控制不仅要考虑车身稳定控制触发后电机制动力对侧向稳定性的影响，还要考虑车身稳定控制触发前电机制动力对侧向稳定性的影响。当汽车高速过弯时，如果驾驶员突然松开加速踏板，同时又没有踩下制动踏板，新能源汽车的电机会产生滑行转矩，若汽车侧向加速度较大，电机滑行制动力将导致车辆有不足或过度转向倾向。为了提升汽车在滑行过弯时的侧向稳定性，避免不足或过度转向加剧从而触发车身稳定性控制系统，有必要对电机滑行制动力进行调节。

针对电机滑行制动力导致的稳定性问题，一种基于门限值的电机滑行制动力控制方法应运而生。如图 5.31 所示，当路面附着条件较好时，若汽车侧向加速度大于 A_{y1}，稳定性门限触发，电机制动力逐渐减小；当汽车侧向加速度减小至 A_{y2} 时，稳定性控制退出，电机制动力逐渐恢复。

当路面附着条件较差时，由于汽车更容易失稳，此时对滑行制动力的控制也应该更加敏感。如图 5.32 所示，若汽车侧向加速度大于 A_{y2}，稳定性门限触发，电机制动力逐渐减小；当汽车侧向加速度恢复至 A_{y2} 时，稳定性控制退出，电机制动力逐渐恢复。

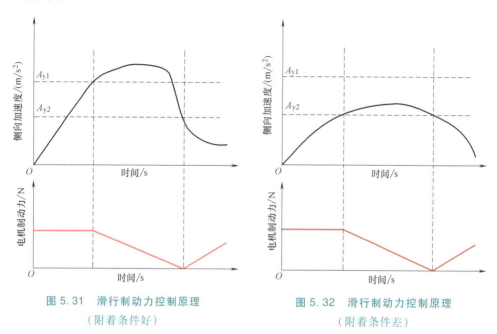

图 5.31　滑行制动力控制原理
（附着条件好）

图 5.32　滑行制动力控制原理
（附着条件差）

参 考 文 献

[1] 余志生. 汽车理论 [M]. 4 版. 北京：机械工业出版社，2009.
[2] MEHRDAD E，GAO Y M，SEBASTIEN E G，et al. 现代电动汽车、混合动力电动汽车和燃料电池车——基本原理、理论和设计 [M]. 倪光正，倪培宏，熊素铭，译. 北京：机械工业出版社，2010.
[3] 房永. 基于快速控制原型的商用车 ABS 控制算法开发及试验验证 [D]. 长春：吉林大学，2007.
[4] 李刚. 线控四轮独立驱动轮毂电机电动汽车稳定性与节能控制研究 [D]. 长春：吉林大学，2013.
[5] 孔磊，宋健. 制动器耗散功率原理在 ABS 标定匹配中的应用 [J]. 农业机械学报，2009，40（9）：32-36.
[6] 陈箭. ABS&TCS 控制系统的控制算法研究与仿真分析 [D]. 长春：吉林大学，2005.
[7] 张磊. 电动轿车再生制动与防抱死协调控制算法研究 [D]. 长春：吉林大学，2013.

第 6 章

制动压力控制算法

在制动系统控制软件中,制动压力控制算法处于执行层,其主要功能是根据逻辑层的目标控制压力与感知层的轮缸实际压力,计算各执行部件的控制信号需求,使得轮缸压力精确地跟随目标压力。本章首先根据制动系统的控制需求划分出具体的压力控制模式,然后基于第 3 章的部件工作机理对不同压力控制模式下的压力控制算法展开介绍。

6.1 压力控制需求

压力控制算法作为一个模块集成在制动控制软件中,其接收来自逻辑层的轮缸压力目标、感知层的轮缸实际压力,然后对控制状态进行仲裁,并实施相应的压力控制。逻辑层主要包含制动力分配算法和稳定性协调控制算法,根据前文分析,制动力分配算法要求制动系统可以分配前后轴的制动力,即进行轴间压力主动控制;稳定性协调控制算法则要求制动系统能独立调节各车轮的制动力,即实现轮间压力主动控制。

图 6.1 所示为第 2 章所述各制动能量回收系统的压力控制功能模块的概念结构,压力控制模块的输入为目标压力和实际压力,输出则为电磁阀、电机泵等液压执行部件的控制信号,实现对目标液压制动力的跟随。

根据目标压力和实际压力的关系,轴间、轮间压力控制均包含三种压力控制需求,即增压、保压和减压。而制动力分配与稳定性控制对压力变化过程的控制需求有所差异,例如,在制动防抱死过程中要求轮缸压力快减慢增,实现压力变化阻尼效果,以提高滑移率控制的鲁棒性,而制动力分配则更关注压力控制的精度,以保证制动强度的一致性。

针对以上压力控制需求,结合制动系统硬件方案,目前有四种常见压力控制算法:阶梯压力控制、线性压力控制、溢流压力控制和体积压力控制。每种算法的控

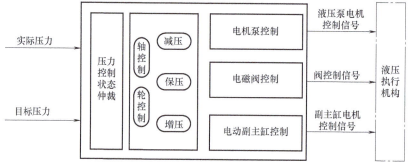

图 6.1　制动压力控制功能模块概念结构

制原理差异较大，控制效果也有所不同，以适应不同的控制需求。接下来对各压力控制算法进行详细分析。

6.2　阶梯压力控制算法

基于逻辑门限的开关控制原理，当实际压力与目标压力的偏差超出设定范围时，其进行增压或减压操作，而当压力偏差在设定范围内时，进行保压操作。在这种压力控制方式下，状态切换是离散的，压力变化过程具有明显的阶梯效果，因此称之为阶梯压力控制[1]。

对同一轮缸对应的进液阀和出液阀的开关状态进行组合，可以形成如下三种典型的控制状态。

1）保压：进液阀关闭，出液阀关闭。
2）增压：进液阀开启，出液阀关闭。
3）减压：进液阀关闭，出液阀开启。

阶梯压力控制正是利用三种工作状态的按需切换，实现对轮缸压力的控制。例如，在增压过程中，调整增压和保压状态的时间，可以非均匀地控制轮缸增压速率，如图 6.2a 所示，压力的总体变化趋势用虚线标识；阶梯减压则通过调整减压和保压状态的时间获得，如图 6.2b 所示。

此种压力控制方式下，阀口开启时多处于完全打开的状态，压力变化速率无法按需调控，轮缸压力只能以当前压力状态下最大可能的速率变化，由于电磁阀的响应滞后，压力超调量很大。通过提前关闭阀口，可以减小压力的超调，但总体来讲，阶梯控制难以实现压力状态的精确控制。

电磁阀的驱动模块通常使用具有高速开关响应特性的电器元件，此类元器件开关功耗明显，开关过于频繁会增大驱动元件的热负荷，导致过温失效或者使用寿命缩短。鉴于此，阶梯压力控制通常将增压和减压控制状态的切换门限设定为不同的值，形成状态切换的死区，若目标压力与实际压力的压差不超过门限值，则维持上

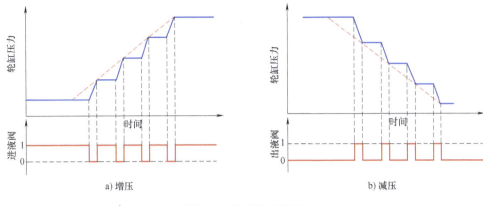

图 6.2 阶梯压力控制
1—阀门开启 0—阀门关闭

一时刻的控制状态,从而减少阀驱动元件的开关次数。

利用阶梯压力控制算法对目标压力进行跟随,延迟开关压力控制的预期效果如图 6.3 所示。

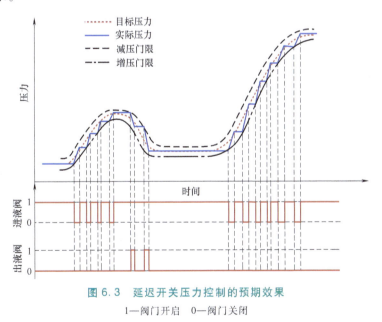

图 6.3 延迟开关压力控制的预期效果
1—阀门开启 0—阀门关闭

6.2.1 控制逻辑

阶梯压力控制通过三种压力控制状态的准确切换,实现目标液压制动力跟随,其控制流程如图 6.4 所示,图中各物理量的含义详见后文各公式。首先由轮缸压力的目标值和实际值计算得到压力偏差,继而参考压力门限确定压力控制状态,然后根据压力偏差、压力变化率和阀开启及关闭时间常数计算阀开启维持的时间。

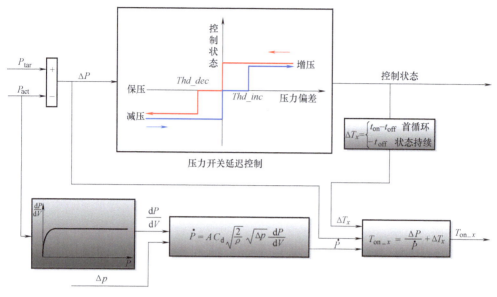

图 6.4 阶梯压力控制流程

为提高阶梯压力控制精度,可以在控制资源允许的范围内适当减小电磁阀控制模块的运行周期,使得在增压和减压状态下,执行层的状态可以先于逻辑层切换至保压状态,因此需要确定两个关键控制量,即压力控制状态和状态持续时间。

6.2.2 控制状态的判断

阶梯压力控制属于偏差控制,通过比较压力偏差与状态门限,判定压力控制状态。压力控制状态的切换逻辑如图 6.5 所示,图中 ΔP 为轮缸目标压力与实际压力之差,即压力偏差;Thd_inc 为增压门限;Thd_dec 为减压门限。

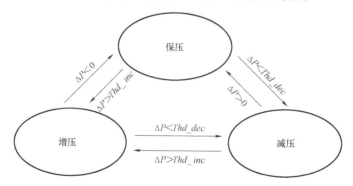

图 6.5 压力控制状态的切换逻辑

增减压门限区间越窄,压力控制越精确,但压力信号的冲击和波动会造成控制状态的切换频繁和压力超调。具体实施时需根据瞬时压力变化特性及制动力的敏感性进行调整。

6.2.3 状态持续时间的确定

不考虑阀口的渗漏,只有当阀口开启时,轮缸的压力才发生变化。因此仅对增压和减压控制状态中的阀开启时间进行分析。

电磁阀开启维持时间可表示为:

$$T_{\text{on}\_x} = \frac{\Delta P}{\dot{P}} + \Delta T_x \tag{6.1}$$

式中,T_{on_x} 为电磁阀开启的维持时间,单位为 s;$\dot{P}$ 为电磁阀开启后的压力变化率,单位为 Pa/s;ΔT_x 为电磁阀开启和关闭过程的时间,单位为 s。

下面介绍 $\dot{P}$ 和 ΔT_x 参数的计算方法。

1. 压力变化率 $\dot{P}$

在开关压力控制时,对压力的控制效果进行离散预估,在一个压力状态判断周期内,轮缸压力的变化率近乎恒定,因此:

$$\dot{P} = \frac{\mathrm{d}P}{\mathrm{d}t} \approx \frac{\Delta P}{\Delta T} \tag{6.2}$$

式(6.2)又可表示为:

$$\dot{P} = \frac{\mathrm{d}P}{\mathrm{d}t} = \frac{\mathrm{d}P}{\mathrm{d}V}\frac{\mathrm{d}V}{\mathrm{d}t} = \frac{\mathrm{d}P}{\mathrm{d}V}q \tag{6.3}$$

根据式(3.5),阀口流量 q 可表示为:

$$q = AC_{\mathrm{d}}\sqrt{\frac{2\Delta p}{\rho}} \tag{6.4}$$

联立式(6.3)和式(6.4)可得:

$$\dot{P} = AC_{\mathrm{d}}\sqrt{\frac{2}{\rho}}\sqrt{\Delta p}\,\frac{\mathrm{d}P}{\mathrm{d}V} \tag{6.5}$$

式中,A 为阀口有效流通面积,单位为 m^2;C_{d} 为流量系数;ρ 为制动液密度,单位为 $\mathrm{kg/m}^3$;Δp 为阀口前后压差,单位为 Pa;$\mathrm{d}P/\mathrm{d}V$ 为轮缸 P-V 特性曲线的斜率。

阀口流通面积 A、流量系数 C_{d} 和制动液密度 ρ 为常数;阀口前后压差 Δp 可通过压力传感器测得;$\mathrm{d}P/\mathrm{d}V$ 与轮缸 P-V 特性相关,根据第 3 章对轮缸 P-V 特性的描述,当轮缸 P-V 特性确定后,$\mathrm{d}P/\mathrm{d}V$ 随轮缸压力而变化,低压非线性区内,$\mathrm{d}P/\mathrm{d}V$ 随轮缸压力的变大而变大,高压线性区内,$\mathrm{d}P/\mathrm{d}V$ 近似为定值。

综上,在已知常数项和轮缸 P-V 特性的前提下,压力变化速率主要受阀口前后压差和轮缸压力的影响。通过测量电磁阀阀口前后压差和轮缸压力,可对轮缸压力的变化趋势做出估算。

需要注意,将式(6.5)用于压力控制时,流量系数一般由试验标定获得。以出液阀为例,其流量系数的标定方法如图 6.6 所示。

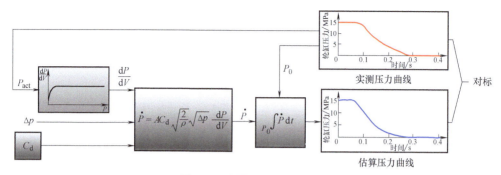

图 6.6 流量系数的标定方法

在流量系数标定时，初选一个流量系数值，并根据初选参数，估算轮缸压力曲线。然后将估算曲线与实际压力曲线进行对比，逐步修改流量系数值，直至估算曲线与实际曲线近乎一致。整个标定过程仅关心估算压力的变化趋势与实测压力的差别，不考虑压力延迟。标定实例如图 6.7 所示。图中用红色线和绿色线标示出估算压力的变化趋势，与估算 2 相比，估算 1 与实测压力的变化趋势的贴合度更高。

局部标定后，可用一个完全减压过程来验证流量系数的标定精度，如图 6.8 所示。

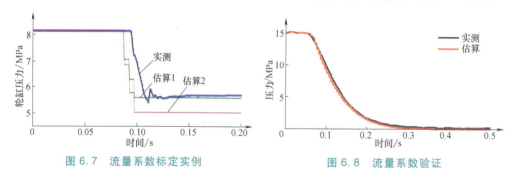

图 6.7 流量系数标定实例　　　　图 6.8 流量系数验证

2. 阀开启及关闭时间常数 ΔT_x

根据第 3 章对电磁阀工作机理的分析，电磁阀的阀芯运动需要耗费时间，因此电磁阀开启维持时间的计算必须要考虑电磁阀开启及关闭时间的影响。

同样以出液阀的控制为例，图 6.9 所示为实际减压控制过程中的轮缸压力采样曲线。从图中可以看出，在阀线圈上电和下电时液压响应均存在延迟，分别标示为 t_{on} 和 t_{off}。

对于出液阀而言，电磁阀开启维持时间为阀线圈上电至下电之间相隔的时间，即图 6.9 中点 1 至点 2 间隔的时间。因此，根据两个延迟时间常数产生的减压效果，可以确定：

$$\Delta T_x = \begin{cases} t_{on} - t_{off} & 首循环 \\ -t_{off} & 状态持续 \end{cases} \quad (6.6)$$

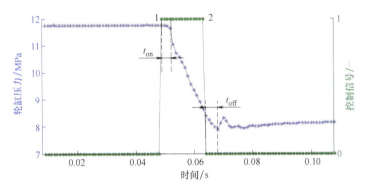

图6.9 出液阀的液压响应曲线

受模拟信号采样频率的限制,台架试验难以准确地获得 t_{on} 和 t_{off} 两个时间常数,为此,本书在时间常数确定时,同样采用了压力估算与实测压力对标的方法。

图6.10所示为时间常数的标定实例,可见与估算2和估算3相比,估算1与实测压力变化趋势的贴合度更高。使用估算1的时间参数,进行多段式减压过程的压力估算,效果如图6.11所示。

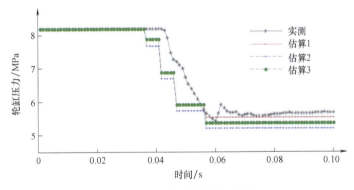

图6.10 时间常数标定实例

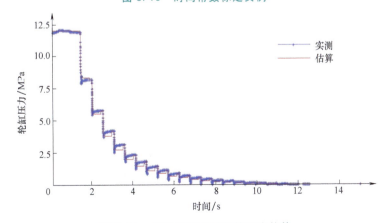

图6.11 多段式减压过程的压力估算

6.3 线性压力控制算法

线性压力控制是一种近似于模拟量控制的压力控制算法,电磁阀开度连续可控,轮缸的压力能够平稳地向目标压力变化。与阶梯压力控制相比,这种算法更适用于连续变化的压力跟随,明显减小了压力超调和阀的启闭次数,降低了噪声,同时延长了阀的使用寿命[2]。

线性压力控制同样也存在增压、保压、减压三种状态,在这三种状态下,进液阀和出液阀的控制分别为如下三种情形。

1) 保压:进液阀关闭,出液阀关闭。
2) 增压:根据目标增压速率调节进液阀开度,出液阀关闭。
3) 减压:进液阀关闭,根据目标减压速率调节出液阀开度。

压力变化速率的调节是线性压力控制的关键。此类电磁阀的阀口开度可自由调节,其阀口流通面积一般随阀芯位移变化而变化。结合式(6.5)和式(3.6),线性压力控制的压力变化速率主要受阀芯位移、阀口压差和轮缸压力的影响,可表示为:

$$\begin{aligned}\dot{P} &= C_d \sqrt{\frac{2}{\rho}} A \sqrt{\Delta p} \frac{dP}{dV} \\ &= C_d \sqrt{\frac{2}{\rho}} \left[\frac{\pi}{2} x^2 \sin(\theta) \sin(2\theta) + \pi x R \sin(2\theta) \right] \sqrt{\Delta p} \frac{dP}{dV} \\ &= f(x, \Delta p, P) \end{aligned} \quad (6.7)$$

当轮缸压力较低时,P-V 特性曲线处于非线性区,同时伴随电磁阀开启关闭的响应延迟,压力变化速率会出现严重的抖动,使得此种控制算法难以在低压非线性区获得良好的线性控制效果[3]。而在高压区间,P-V 特性曲线斜率 dP/dV 近似为定值,线性压力控制算法可以获得良好的应用,由此式(6.7)可以简化为:

$$\dot{P} = f(x, \Delta p, P) = f(x, \Delta p) \quad (6.8)$$

由于阀口前后的压力都是可以获知的,因此压力变化速率的控制实质为阀芯位移的调节问题。而阀芯位移为动态微观量,难以通过工具测量,为了精确控制阀芯位移,必须借助阀芯动力学模型。以常闭线性阀为例,将式(3.8)、式(3.9)、式(3.13)和式(3.16)代入式(3.26)中,其阀芯动力学方程可表示为:

$$\begin{aligned}m\ddot{x} &= F_h(\Delta p, x) - K_s(S_0 + x) + F_m(I, x) \\ &= \{\Delta p A(x) + \pi \rho L C_d R \sin(2\theta) \\ &\quad \left[\sqrt{\frac{1}{2\rho \Delta p}} x \Delta \dot{p} + \sqrt{\frac{2\Delta p}{\rho}} \dot{x} \right] \} - K_s(S_0 + x) + \frac{\mu_0 A N^2 I^2}{2(l+x)^2}\end{aligned} \quad (6.9)$$

式中,F_h 和 F_m 分别为液压力和电磁力,单位为 N;K_s 为弹簧刚度,单位为 N/m;

S_0 为弹簧预紧位移,单位为 m;I 为线圈电流,单位为 A;L 为阀口的阻尼长度,单位为 m;μ_0 为真空的磁导率;A 为工作气隙的极面积,单位为 m^2;N 为线圈匝数;l 为最小主工作气隙,单位为 m。

由式(6.9)可知,在线圈电流和阀口压差已知时,可通过求解微分方程获得阀芯位移,即阀芯位移可表示为 $x(I, \Delta p)$。

结合式(6.8),线性压力控制的压力变化速率可表示为:

$$\dot{P} = f[x(I, \Delta p), \Delta p] = f(I, \Delta p) \tag{6.10}$$

综上分析,在 P-V 特性的线性区,线性压力控制的关键是对电磁阀线圈电流的控制,但需要获得线圈电流、阀口压差和压力变化速率三者之间的数学关系。

由于基于阀芯动力学机理计算线圈电流过程运算量巨大,且对液压系统的特性(如轮缸的体积-压力特性、阀口流量系数等)的准确性要求非常高,因此此算法不宜直接用于实车控制。为此根据线性控制的原理设计了台架试验,基于试验数据分析获取线圈电流、阀口压差和压力变化速率的关系。

6.3.1 控制逻辑

线性压力控制算法通过控制电磁阀线圈电流,调节电磁阀开度,实现目标液压制动力的精确跟随,其控制流程如图6.12所示。首先由目标轮缸压力和实际轮缸压力计算得到目标压力变化速率,其次根据目标压力变化速率和压差查表得到目标线圈电流,最后由目标线圈电流查表得到PWM占空比信号。

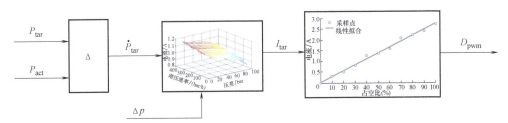

图 6.12 线性压力控制算法控制流程

P_{tar}—目标压力 P_{act}—实际压力 $\dot{P}_{tar}$—目标压力变化率
Δp—阀口前后压差 I_{tar}—目标线圈电流 D_{pwm}—目标占空比

综上,线性压力控制需要确定两个关键数据表,即压力变化率-压差-电流关系表和电流-占空比关系表,下面将设计台架试验获得上述两个关系表。

6.3.2 压力变化率-压差-电流关系确定

为了获得线圈电流、阀口压差和压力变化速率三者之间的关系,我们需要在试验台架上对制动轮缸施加稳定的压力变化速率,同时采集线圈电流和阀口压差的变化曲线。以常闭线性阀的线性增压试验为例,根据式(6.7),在轮缸高压线性区内，为了获得稳定的增压速率，增压过程中 A 与 $\sqrt{\Delta p}$ 的乘积应保持恒定。然而随着轮缸压力的增加，阀口压差会逐渐减小，因此需要适当增加线圈电流，使阀口流通面积 A 逐渐增大，保持 A 与 $\sqrt{\Delta p}$ 的乘积不变。

在试验台架上，对常闭线性阀施加逐渐增大的线圈电流，可得如图 6.13 所示的增压速率与压差的变化曲线。试验中目标电流增加速率的区间为 $[0.1,0.6]\mathrm{A/s}$，梯度为 $0.05\mathrm{A/s}$。

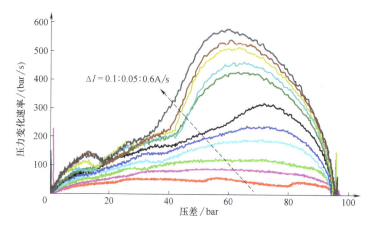

图 6.13 增压时压差与压力变化速率的关系

由图 6.13 可见，随着电流变化速率的增加，轮缸平均增压速率逐渐变大。统计上述试验数据，可得轮缸平均增压速率和电流变化速率的关系，见表 6.1。

对表 6.1 进行拟合，可得图 6.14 所示的轮缸平均增压速率与电流变化速率的关系曲线。可以看出，轮缸平均增压速率与电流变化速率具有较好的单调线性度。利用二者之间的单调线性关系，对常闭线性阀施加逐渐增大的线圈电流，便可获得稳定的轮缸增压速率。

表 6.1 轮缸平均增压速率与电流变化速率的关系

电流变化速率/(A/s)	增压速率/(bar/s)
0.60	308.25
0.55	277.64
0.50	275.64
0.45	248.64
0.40	245.22
0.35	190.25
0.30	160.41
0.25	138.17
0.20	104.61
0.15	79.45
0.10	49.25

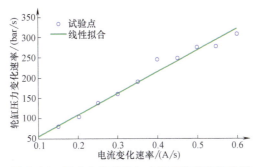

图 6.14 压力变化速率与电流变化速率的关系

由于电流变化速率与压力变化速率存在线性关系，因此在不同电流变化速率下，采集阀口压差和线圈电流数据，就等同于在不同压力变化速率下，采集压差和线圈电流数据。图 6.15 所示为不同电流变化速率下压差与电流的关系曲线，图 6.16 为图 6.15 转换而来的阀口压差、增压速率、电流关系曲线。通过三者之间的关系曲线，可以根据目标增压速率和阀口压差查表得出目标线圈电流。

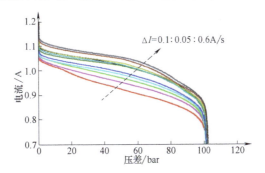

图 6.15 不同电流变化速率下压差与电流的关系曲线

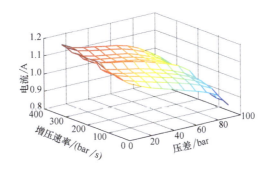

图 6.16 阀口压差、增压速率与电流的关系

6.3.3 电流-占空比关系确定

对于线圈电流的控制，通常采用 PWM 方法。图 6.17 所示为 PWM 控制原理。

PWM 控制只有高电平和低电平两种控制状态，输出的变量是 PWM 的占空比，即开启时间的宽度 T_{on} 与脉冲周期 T 的比值，如式（6.11）所示：

$$D_{pwm} = \frac{T_{on}}{T} \quad (6.11)$$

式中，D_{pwm} 为占空比；T_{on} 为开启时间的宽度，单位为 s；T 为脉冲周期，单位为 s。

通过调节控制信号的占空比，PWM 控制可以将驱动电压转化为电磁阀线圈需求的端电压，电磁阀线圈端电压与占空比和驱动电压的关系可表示为：

$$U = D_{pwm} U_d \quad (6.12)$$

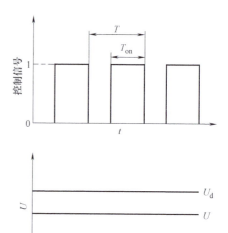

图 6.17　PWM 控制原理

式中，U 为线圈端电压，单位为 V；U_d 为电磁阀驱动电压，单位为 V。

将式（6.12）代入式（3.22），可得线圈电流与 PWM 占空比之间遵循下式：

$$L\frac{dI}{dt} + I\frac{dL}{dx}\dot{x} + RI = D_{pwm} U_d \quad (6.13)$$

由式（6.13）可知，通过调节 PWM 占空比，可对线圈电流进行控制。然而，实际控制时无法确定动铁的实际位置和速度，因此难以根据目标线圈电流由式（6.13）计算得出相应的 PWM 占空比，为此，实际控制时通常由台架试验获取线圈电流与占空比之间的关系。

同样以常闭线性阀为例，选取线圈驱动电压为 12V，选择不同 PWM

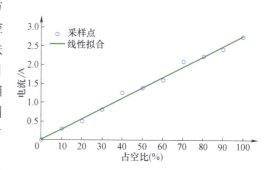

图 6.18　PWM 占空比与电磁阀线圈电流的关系

占空比进行测试，获取电磁阀线圈电流响应如图 6.18 所示，可以看出二者线性度较好。

6.4　溢流压力控制算法

溢流压力控制是一种基于线性电磁阀静态溢流特性的压力控制算法。溢流压力控制下，通过调节线性电磁阀占空比，轮缸压力能够快速向目标压力变化，可实现大压差快速增压减压、小压差渐进增压减压，压力响应迅速且超调量小[4]。

以常开线性阀为例，根据第 3 章常开线性阀的结构与受力分析可知，电磁阀处于完全关闭的平衡状态时，阀芯受力平衡表达式关系如下：

$$F_h(\Delta p,0)+K_s(S_0+x_{max})+F_N-F_m(I,0)=0 \qquad (6.14)$$

式中，F_N 为阀座对阀芯的支持力，单位为 N。

参考第 3 章所述的电磁力计算公式（3.16），如果此时按式（6.15）控制电磁阀线圈通电电流大小，则电磁力与液压力和弹簧力的合力平衡，阀座对阀芯无作用力产生，且电磁阀芯保持在完全关闭状态。

$$I=\sqrt{\frac{2[F_h(P_{in}-P_{out},0)+K_s(S_0+x_{max})](l+x_{max})^2}{\mu_0 A N^2}} \qquad (6.15)$$

式中，P_{in} 为电磁阀进液口压力，单位为 Pa；P_{out} 为电磁阀出液口压力，单位为 Pa；$(P_{in}-P_{out})$ 为阀口压差 Δp，单位为 Pa。

如果将该状态视为一种临界状态，那么当常开线性阀进液口压力增加时，会导致阀口两端压差增加，相应的液压力和弹簧力的合力会大于电磁力，阀芯位移将向上运动进入开启过程。若常开线性阀的出液口与压力恒定的低压源（P_{out} 为定值）相连，此时常开线性阀入口处封闭的液体将会迅速溢出至低压源，直至液压力和弹簧力再次与电磁力达到平衡时，阀芯位移回归到临界状态。

在这个过程中，常开线性阀的阀芯位移始终在做小幅度往复运动，常开线性阀入口处的压力会始终围绕在一个近似恒定的压力之下波动，并且不同的电流对应不同的入口压力。将该压力称为对应电流下的"溢流压力"，则常开线性阀的入口压力可以通过控制溢流压力进行保证。

将常开线性阀的进液口与制动轮缸和高压源相连，出液口与低压源相连，利用常开线性阀的静态溢流特性，可使轮缸压力控制在溢流压力（常开线性阀入口压力）附近。图 6.19 所示为轮缸压力的控制过程，当轮缸压力小于溢流压力时，高压源流出的制动液全部流入制动轮缸，轮缸实现增压；当轮缸压力等于溢流压力时，高压源流出的制动液经常开线性阀流出至低压源，轮缸压力保持不变；当轮缸压力大于溢流压力时，制动液由轮缸和高压源流出至低压源，轮缸实现减压。

根据上述分析，通过控制常开线性阀的溢流压力，可对轮缸压力进行精确调节。对于溢流压力的控制，由式（6.15）可知，在临界状态下，线圈电流与阀口压差存在确定关系，又有出液口与恒定压力的低压源相连，故该状态下线圈电流与常开线性阀进液口压力即溢流压力之间存在确定关系；同时考虑到线圈电流与占空比线性相关，因此，溢流压力的控制最终即为线圈占空比的控制。

图 6.20 所示为溢流压力控制流程，首先控制软件输入目标压力，然后根据溢流压力与占空比的关系查表得到对应的线圈占空比，最后将占空比信号输入给线圈驱动电路，即可实现轮缸压力的精确控制。

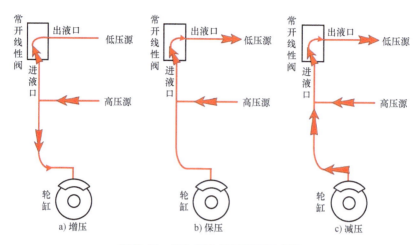

图 6.19 轮缸压力控制过程示意图

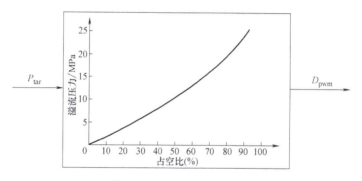

图 6.20 溢流压力控制流程

溢流压力控制实现压力速率平稳跟随的关键条件是常开线性阀溢流压力与占空比间关系的标定。选择不同占空比进行轮缸增压试验，可得图 6.21 所示的常开线性阀溢流压力（轮缸压力）与占空比关系曲线。

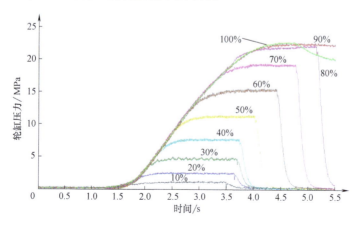

图 6.21 溢流压力与占空比关系曲线

根据实验结果，对占空比、溢流压力进行统计，其结果见表 6.2。

表 6.2 占空比、溢流压力结果

占空比(%)	溢流压力/MPa
10	1.388
20	2.572
30	4.779
40	7.271
50	11.473
60	15.661
70	18.629
80	24.277
90	24.975

对表 6.2 中数据进行线性拟合，可得图 6.22 所示占空比与溢流压力的拟合曲线，根据该曲线可获得任意目标轮缸压力对应的常开线性阀占空比，由此可以实现轮缸压力的精确控制。

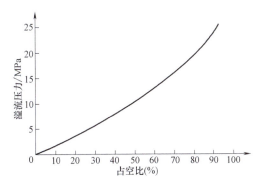

图 6.22 占空比与溢流压力拟合曲线

体积压力控制算法

体积压力控制利用制动液不可压缩的特性（体积模量大），根据容积变化来控制轮缸压力，相比上述三种压力控制算法，体积压力控制不涉及电磁阀及其状态切换的控制，仅通过控制副主缸活塞位移，便能使轮缸压力平稳而连续地向目标压力变化，因此这种算法具有控制简单的优点，多用于带电动副主缸的制动系统构型[5]。

体积压力控制同样也存在增压、保压、减压三种状态，在这三种状态下，电磁阀均保持下电，电动副主缸的动作如图 6.23 所示。

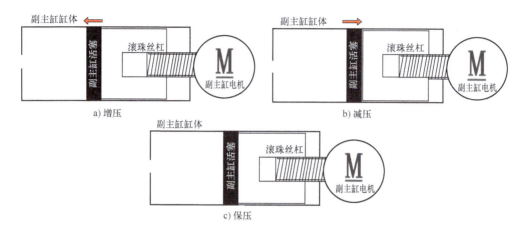

图 6.23 三种压力控制状态下电动副主缸的动作

1）增压：副主缸电机正转，活塞压缩制动液。
2）减压：副主缸电机反转，活塞回位。
3）保压：副主缸电机和活塞保持位置不变。

对于目标压力的控制，根据式（3.50）可知，轮缸压力与活塞位移间存在确定的关系，因此目标压力的控制即为活塞位移的控制。

控制电动副主缸时，无法直接对活塞的位移进行控制，只能通过控制电机转矩来间接控制活塞位移。图 6.24 所示为体积压力控制流程（图中 K_h 为由轮缸 P-V 特性确定的比例系数，其余物理量详见后文各公式），首先将目标压力控制转化为活塞位移的控制，然后根据活塞动力学模型计算达到目标位移所需的电机推力，最后根据滚珠丝杠传动关系计算得到目标电机转矩。

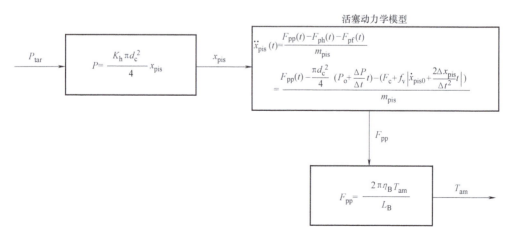

图 6.24 体积压力控制流程

活塞的运动不仅受到电机推力的作用,还受到液压力和摩擦力的作用,因此,为了实现活塞位移的精确控制,需要对活塞进行动力学分析。

以增压过程为例,根据式(3.45),副主缸活塞在任意时刻的运动方程可表示为:

$$m_{\text{pis}} \ddot{x}_{\text{pis}}(t) = F_{\text{pp}}(t) - F_{\text{ph}}(t) - F_{\text{pf}}(t) \tag{6.16}$$

式中,m_{pis} 为活塞质量,单位为 kg;x_{pis} 为活塞位移,单位为 m;F_{pp} 为活塞受到的电机推力,单位为 N;F_{ph} 为活塞受到的液压力,单位为 N;F_{pf} 为活塞受到的摩擦力,单位为 N。

当系统控制的周期 Δt 足够小时,压力的变化可视为线性的。若副主缸压力在控制周期 Δt 内由初始压力 P_{o} 增加至目标压力($P_{\text{o}}+\Delta P$),则在 Δt 内的任一时刻,活塞所受液压力可表示为:

$$F_{\text{ph}}(t) = \frac{\pi d_{\text{c}}^2}{4}\left(P_{\text{o}} + \frac{\Delta P}{\Delta t}t\right) \tag{6.17}$$

式中,d_{c} 为活塞直径,单位为 m。

同样,当 Δt 足够小时,活塞速度的变化也可视为线性的,假设当前时刻活塞运动速度为 $\dot{x}_{\text{pis0}}$,则在 Δt 内的任一时刻,活塞所受摩擦力可表示为:

$$F_{\text{pf}}(t) = F_{\text{c}} + f_{\text{v}}\left|\dot{x}_{\text{pis0}} + \frac{2\Delta x_{\text{pis}}}{\Delta t^2}t\right| \tag{6.18}$$

式中,F_{c} 为库伦摩擦力,单位为 N;f_{v} 为黏性摩擦系数。

将式(6.17)、式(6.18)代入式(6.16),活塞的加速度可表示为:

$$\ddot{x}_{\text{pis}}(t) = \frac{F_{\text{pp}}(t) - F_{\text{ph}}(t) - F_{\text{pf}}(t)}{m_{\text{pis}}} = \frac{F_{\text{pp}}(t) - \frac{\pi d_{\text{c}}^2}{4}\left(P_{\text{o}} + \frac{\Delta P}{\Delta t}t\right) - \left(F_{\text{c}} + f_{\text{v}}\left|\dot{x}_{\text{pis0}} + \frac{2\Delta x_{\text{pis}}}{\Delta t^2}t\right|\right)}{m_{\text{pis}}} \tag{6.19}$$

增压过程中,活塞在控制周期 Δt 内需移动 Δx_{pis} 才能达到目标压力,因此有:

$$\Delta x_{\text{pis}} = \int_0^{\Delta t} \dot{x}_{\text{pis}}(t)\,\text{d}t = \int_0^{\Delta t}\left[\dot{x}_{\text{pis0}} + \int_0^t \ddot{x}_{\text{pis}}(t)\,\text{d}t\right]\text{d}t \tag{6.20}$$

将式(6.19)代入式(6.20),可得控制周期 Δt 内活塞所受电机推力与活塞位移 Δx_{pis} 之间存在如下关系:

$$F_{\text{pp}} = \frac{2m\Delta x_{\text{pis}}}{\Delta t^2} - \frac{2m\dot{x}_{\text{pis0}}}{\Delta t} + f_{\text{v}}\left|\dot{x}_{\text{pis0}} + \frac{2\Delta x_{\text{pis}}}{3\Delta t}\right| + F_{\text{c}} + \frac{\pi d_{\text{c}}^2 P_0}{4} + \frac{\pi d_{\text{c}}^2 \Delta P}{12} \tag{6.21}$$

根据式(3.47),电机推力与电机转矩之间存在如下关系:

$$F_{\text{pp}} = \frac{2\pi \eta_{\text{B}} T_{\text{am}}}{L_{\text{B}}} \tag{6.22}$$

式中,η_{B} 为丝杠效率;T_{am} 为副主缸电机转矩,单位为 N·m;L_{B} 为丝杠导程,单

位为 m。

将式（6.21）代入式（6.22）中即可求得电机所需输出转矩。电机驱动器通过控制电机的定子电流可以输出目标转矩，在控制周期 Δt 内保持转矩输出不变，就可以在 Δt 时刻后产生目标压力 $(P_o+\Delta P)$。

6.6 工作特点与适用范围

以上对压力控制算法的控制需求和基本原理进行了介绍，由于四种压力控制算法具有不同的工作特点，相应的适用范围也有所差异。下面对各压力控制算法的主要特点和适用范围进行总结。

6.6.1 工作特点

1. 阶梯压力控制

1）利用进液阀与出液阀高速开关的特性实现阶梯压力控制，要求制动系统具有与制动轮缸相连的进液阀和出液阀。

2）进液阀或出液阀的阀口开启后，轮缸压力变化速率为当前阀口工作压力状态下的最大速率，不可调控，但压力响应快。

3）阀口开启和关闭时存在响应延迟，压力变化速率大，压力超调难以避免，压力控制精度差。

4）电磁阀控制频率较高，阀芯与阀座的频繁撞击会缩短阀的工作寿命，需要对电磁阀阀芯结构进行强化。

2. 线性压力控制

1）利用线性电磁阀流量连续可控的特性实现轮缸压力的精确控制，要求制动系统具有与制动轮缸相连的线性进液阀或线性出液阀。

2）压力变化速率连续可调，对目标压力的跟随性好，可用于对压力响应速度要求不高的情况，实现压力渐变，有利于系统对控制状态的及时判断。

3）仅能在轮缸 P-V 特性的线性区工作，非线性区控制效果较差。

4）对环境条件的依赖性高，压力控制效果易受温度和驱动电压的影响，需要根据温度和驱动电压对控制算法进行校正。

3. 溢流压力控制

1）利用线性电磁阀的静态溢流特性实现压力精确控制，要求制动系统具有线性电磁阀及相应的有效液压回路。

2）压力控制精确，可以实现大压差快速增压减压、小压差渐进增压减压，压力响应速度快且超调量小。

3）高压源工作时间长，噪声大，且影响工作寿命。

4. 体积压力控制

1）利用制动液不可压缩的特性，根据容积变化来控制轮缸压力，要求制动系统具有容积电控可调的液压缸。

2）不涉及电磁阀及其状态切换的控制，控制简单，压力变化速率可调，压力响应速度快，超调量小。

6.6.2 适用范围

根据压力控制算法的控制需求，常规制动状态下，制动能量回收系统更关注轴间压力的控制精度，而当防抱死功能触发或车辆失稳时，其更关注轮间压力的响应速度。

对于阶梯压力控制算法，其具有响应速度快的特性，因此更符合防抱死功能触发或车辆失稳时的压力控制需求。当阶梯压力控制算法应用于常规制动时，较差的压力控制精度将使同一踏板位移下的制动强度产生波动，影响汽车的乘坐舒适性。

对于线性压力控制算法，其具有压力连续可调、控制精度高的特性，因此更符合常规制动时的压力控制需求。此外，由于线性压力控制算法仅能在轮缸 $P\text{-}V$ 特性的线性区工作，因此当制动压力处于轮缸 $P\text{-}V$ 特性的非线性区时，必须采用阶梯、溢流等其他压力控制算法进行过渡。

对于溢流压力控制和体积压力控制算法，其具有响应速度快且控制精度高的特性，因此同时满足常规制动、防抱死和车辆失稳制动状态下的压力控制需求。

上述分析从各压力控制算法的特性角度分析其是否满足各制动状态的压力控制需求，实际工程应用中压力控制算法是否适用还受到制动能量回收系统硬件构型的限制。具体到各种压力控制算法适用的硬件构型而言，阶梯压力控制算法要求制动系统具有与制动轮缸相连的进液阀和出液阀。以第2章所述各种系统构型为例，这些构型均具有进液阀和出液阀，因此都可使用阶梯压力控制算法进行压力控制。但需注意，若使用阶梯压力控制方法的频率较高，需要对电磁阀阀芯结构进行强化，避免阀芯因撞击而发生机械失效。

线性压力控制算法要求液压制动系统具有与制动轮缸相连的线性进液阀和线性出液阀。在第2章所述的制动系统构型中，进液阀和出液阀并非都采用线性电磁阀，因此线性压力控制算法在这些构型上适用的状态也有所不同。对于第2章所述的并联、单轴解耦和有限全解耦构型，其进液阀均为线性常开阀，出液阀均为常闭开关阀，因此，这些构型仅能在增压状态采用线性压力控制方法，实现对液压制动力的精确控制。对于第2章所述的全解耦构型，由于其每个轮缸的液压回路均有一对线性进液阀和线性出液阀，因此上述全解耦构型均可通过线性压力控制算法实现增压、保压和减压控制。

体积压力控制算法要求制动系统具有容积电控可调的液压缸，且液压缸出液口与制动轮缸相连。在第2章所述的各种构型中，只有电动副主缸式制动系统适用于体积压力控制方法。由于电动副主缸式制动系统构型的一个液压缸与四个制动轮缸相连，因此，当其采用体积压力控制算法时，无法对单轴和单轮制动压力进行独立控制，只能对总制动力进行调节。

溢流压力控制算法要求制动系统具有满足溢流压力控制的有效液压回路，即制动系统的线性阀进液口与高压源和轮缸相连、出液口与恒定低压源相连。在第 2 章所述的各种构型中，单轴解耦构型和有限全解耦构型均具有线性电磁阀和相应的液压回路，因此这些构型均适用于溢流压力控制。

此外，就上述适用构型而言，根据图 6.25 所示的单轴解耦构型和有限全解耦构型的有效液压回路示意图（图中 A 代表低压源、B 代表高压源、C 代表轮缸）

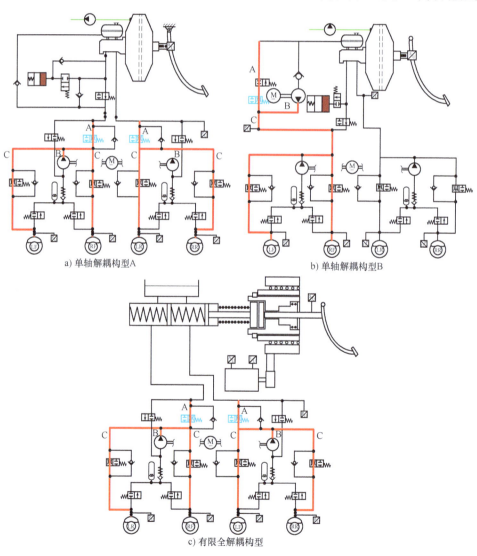

a) 单轴解耦构型A　　　　　　　　b) 单轴解耦构型B

c) 有限全解耦构型

图 6.25　三种适用构型的有效液压回路示意图

可见，各个构型每两个制动轮缸共用一套有效液压回路，因此上述构型采用溢流压力控制仅能对单轴制动压力进行精确控制，无法满足防抱死和车辆失稳制动时的压力控制需求。

参 考 文 献

[1] 孙成伟，初亮，郭建华，等. 电磁阀阶梯减压控制方法 [J]. 农业机械学报，2017，48（12）：380-385.

[2] 初亮，王彦波，祁富伟，等. 用于制动压力精确控制的进液阀控制方法 [J]. 吉林大学学报（工学版），2013，43（3）：564-570.

[3] 孙成伟，初亮，郭崇，等. 基于轮缸PV特性的电磁阀线性增压控制 [J]. 农业机械学报，2017，48（8）：343-349.

[4] YANG Y, CHU L, YAO L, et al. Study on the algorithm of active pressurization control of regenerative braking system in pure electric vehicle [C] //SAE Technical Paper, New York: SAE, 2015.

[5] 储文龙. 集成式电液制动系统建模与控制方法研究 [D]. 广州：华南理工大学，2020.

第 7 章

电机制动控制算法

电机制动控制算法位于制动控制软件中的执行层,接收逻辑层发出的目标电机制动转矩,输出电机控制信号,驱动电机完成目标制动转矩控制。本章以新能源汽车普遍采用的永磁同步电机和交流异步电机为分析对象,首先介绍两种电机的结构及工作原理,接着针对两种电机矢量控制及制动原理进行分析,最后以上述分析为依据设计两种电机的制动控制算法。

7.1 电机结构及工作原理

7.1.1 永磁同步电机

永磁同步电机名称中所谓永磁,指的是制造电机转子时加入了永磁体;所谓同步,是指工作过程中转子转速始终与定子绕组电流频率保持固定关系。图 7.1 所示为永磁同步电机的结构示意图,永磁同步电机主要由定子和转子两大部分组成,其中定子是固定的,包含定子铁心、定子绕组;转子包含永磁体、转子铁心和转子轴等。根据永磁体在转子上的分布形式,永磁同步电机可分为永磁体内置的凸极永磁同步电机和永磁体表贴的隐极永磁同步电机。

当永磁同步电机的定子侧通入三相对称电流时,由于三相定子在空间位置上相差 120°(电角度),所以三相定子电流在空间中产生定子旋转磁场。同时,转子永磁体在电磁力作用下也开始旋转并产生转子旋转磁场,永磁同步电机依靠两个旋转磁场的相互作用而工作。由于永磁同步电机的转子磁场是由永磁体产生的,其避免了通过励磁电流产生磁场而导致的励磁损耗,因此其效率高。此外,永磁同步电机还具有功率密度大、发热少、密封性好及抗过载能力强等优点[1],因此被广泛应用在新能源汽车中,目前代表车型包括比亚迪秦 EV、北汽新能源 EU5、吉利帝豪 EV、上汽荣威 Ei5、特斯拉 Model3 等。

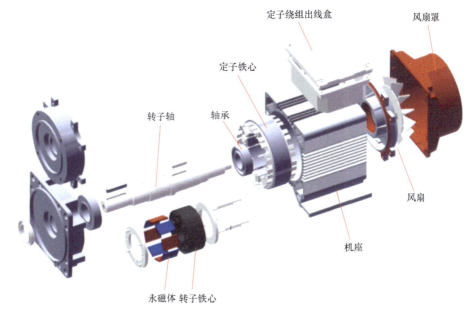

图 7.1 永磁同步电机结构

7.1.2 交流异步电机

  交流异步电机也叫感应电机，同样由定子和转子两大部分组成，定子结构与永磁同步电机基本相同。转子绕组主要作用是切割定子电流产生的旋转磁场，产生感应电动势和电流，并在磁场作用下受力而转动。根据转子绕组类型，可将交流异步电机分为笼型转子和绕线转子两类，绕线转子异步电机成本较高，维护性及耐久性均不及笼型的，因此，对于电动汽车仅使用笼型交流异步电机，其结构如图 7.2 所示。

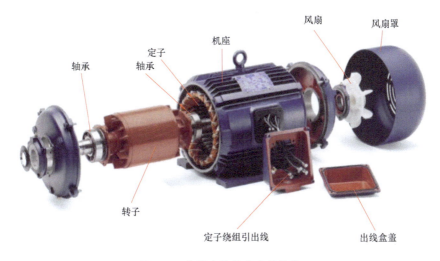

图 7.2 笼型交流异步电机结构

相比永磁同步电机，交流异步电机的转子不包含永磁体，转子磁场是通过感应定子的旋转磁场产生的，转子随着定子旋转磁场的转动以相同方向、不同转速而转动，因此其节奏上要比定子旋转磁场慢，即存在转速差，这也是异步电机名称的由来。

交流异步电机质量小、效率高、无退磁风险且具有较好的性价比，因此在电动汽车上也得到了广泛应用，目前代表车型包括特斯拉 Model S、特斯拉 Model X、蔚来 ES8、江铃 E200 等。

电机矢量控制原理

目前对于车用永磁同步电机和交流异步电机的调速控制，通常采用矢量控制方法。矢量控制就是模拟直流电机的转矩控制规律，通过坐标变换，将电机定子电流分量矢量分解为产生磁通的励磁电流分量和产生转矩的转矩电流分量，根据磁场定向原理可以分别对电机励磁电流和转矩电流进行控制，以达到控制电机转矩的目的。

7.2.1　坐标变换

永磁同步电机和交流异步电机的数学模型非常复杂，且具有很强的非线性耦合性，三相绕组在空间对称分布，引起绕组间的交叉耦合，因此直接求解相当困难，为了便于求解分析，需通过坐标变换将其进行简化解耦。将三相绕组分别定义为 A 相、B 相和 C 相，在永磁同步电机当中存在两个坐标系，第一个坐标系是固结在定子上的 α-β 坐标系，α 轴的方向为定子 A 相绕组产生磁动势的方向；第二个坐标系是固结在转子上的 d-q 坐标系，d 轴的方向与转子的磁力线方向相同，d 轴为 q 轴逆时针旋转 90°。A、B、C 三相的电流通过矢量合成构成定子电流，如图 7.3 所示，将定子电流投影到 α-β 坐标系中，如图 7.4 所示，定子电流可表示为：

$$\boldsymbol{I}_S = i_{SA} + i_{SB} + i_{SC} \tag{7.1}$$

$$\boldsymbol{I}_S = i_{S\alpha} + i_{S\beta} \tag{7.2}$$

式中，i_{SA}、i_{SB}、i_{SC} 分别为 A、B、C 三相定子绕组的电流，单位为 A；I_S 为经过矢量合成的定子电流，单位为 A；$i_{S\alpha}$、$i_{S\beta}$ 分别为 I_S 在 α 轴和 β 轴上的投影，单位为 A。

将三相定子的交变电流转换为 α-β 坐标系上的两相交变电流[2]，可得：

$$\begin{bmatrix} i_{S\alpha} \\ i_{S\beta} \end{bmatrix} = \sqrt{\frac{2}{3}} \begin{bmatrix} 1 & -\dfrac{1}{2} & -\dfrac{1}{2} \\ 0 & \dfrac{\sqrt{3}}{2} & -\dfrac{\sqrt{3}}{2} \end{bmatrix} \begin{bmatrix} i_{SA} \\ i_{SB} \\ i_{SC} \end{bmatrix} \tag{7.3}$$

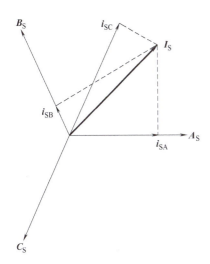 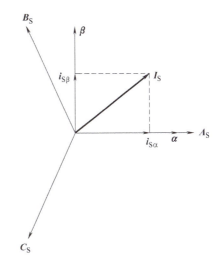

图 7.3 三相定子电流矢量合成　　　　图 7.4 定子电流投影到 α-β 坐标系中

该变换被称为 Clark 变换，将经过 Clark 变换后的向量进行旋转，获得向量在 d-q 轴坐标系中的表达式。d-q 坐标系与定子之间的关系如图 7.5 所示，这一过程被称为 Park 变换。如图 7.6 所示，Park 变换的表达式为：

$$\begin{bmatrix} i_{Sd} \\ i_{Sq} \end{bmatrix} = \begin{bmatrix} \cos\theta \sin\theta \\ -\sin\theta \cos\theta \end{bmatrix} \begin{bmatrix} i_{S\alpha} \\ i_{S\beta} \end{bmatrix} \tag{7.4}$$

式中，i_{Sd}、i_{Sq} 分别为 I_S 在 d 轴和 q 轴上的投影，单位为 A。

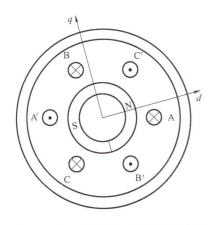 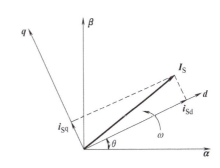

图 7.5 d-q 坐标系与定子之间的关系　　　　图 7.6 Park 变换示意图

综上，基于上述坐标变换，可将三相定子的交变电流转化为转子坐标系上的两相正交直流量，下面进一步在转子坐标系中对永磁同步电机和交流异步电机的矢量控制过程进行分析。

7.2.2 永磁同步电机矢量控制原理

对于永磁同步电机，在转子坐标系中，电机转矩 T_m 可表示为：

$$T_m = \frac{3}{2} n_p [\psi_f i_{Sq} + (L_d - L_q) i_{Sq} i_{Sd}] \quad (7.5)$$

式中，n_p 为定子磁极对数；ψ_f 为永磁转子产生的磁链，单位为 Wb；L_d 为 d 轴上的电感，单位为 H；L_q 为 q 轴上的电感，单位为 H。

从式（7.5）可以看出，电机的转矩分为两部分：第一部分是永磁转子磁链与 i_{Sq} 作用后产生的永磁转矩；第二部分是 i_{Sq} 与 i_{Sd} 产生的磁阻转矩。显然，只有当 $L_d \neq L_q$ 时才会有磁阻转矩，凸极永磁同步电机由于 d、q 轴用铁量不同，有 $L_d < L_q$；而隐极永磁同步电机由于 d、q 轴用铁量相同，有 $L_d = L_q$，故磁阻转矩只出现在凸极永磁同步电机上。

由于电机转矩与 i_{Sq} 成正比，所以 i_{Sq} 又称为转矩电流。当 $L_d \neq L_q$ 时，由于磁链等于电感与电流的乘积，i_{Sd} 的变化会影响转子磁链的大小，这一点类似他励直流电机的励磁电流，因此 i_{Sd} 又称为励磁电流。

当 $i_{Sd} = 0$ 时，电机的转矩只有永磁转矩分量，电机的转矩只与 i_{Sq} 有关。此时电机的转矩可表示为：

$$T_m = \frac{3}{2} n_p \psi_f i_{Sq} \quad (7.6)$$

如果 i_{Sq} 保持不变，即使电机的转速变化，电机的输出转矩也不变。因此，电机在一定的转速范围内有"恒转矩"特性。由式（7.6）可知，如果 $i_{Sq} < 0$，则可以使电机产生负转矩，电机此时依然可以保持正的转速，这也就使电机产生了制动转矩，实现了电机制动功能。

由于永磁同步电机的转子材质为永磁体，所以当转子旋转时，根据法拉第电磁定律，定子绕组中也会感应出反电动势，且反电动势的大小与转速成正比[3]，可表示为：

$$E = C_e \phi n_m \quad (7.7)$$

式中，E 为反电动势，单位为 V；C_e 为电动势常数；ϕ 为磁通量，单位为 Wb；n_m 为电机转速，单位为 r/min。

当反电动势的大小达到阻碍正向电动势在定子绕组上产生足够电流的程度时，电机转速将无法继续提升，除非可以降低反电动势的大小，或增大驱动电压。在工程实际中，电机驱动器通常不具有大功率升压电路，所以往往采取的是降低反电动势的方法来扩大电机的转速区间。

根据上文分析，调节 i_{Sd} 的大小，可以使定子产生的磁场抵消一部分转子的磁场，此时反电动势会下降，但由于转子的磁场被削弱，由式（7.5）可知输出转矩也会下降，但转速可以继续提升，两者的乘积（功率）始终保持不变，因此，超过恒转矩极限转速的转速区域称为电机的恒功率区。

综上所述，永磁同步电机的矢量控制方法本质上是控制电机的 i_{Sd} 和 i_{Sq}，以使电机工作在目标状态。

7.2.3 交流异步电机矢量控制原理

对于交流异步电机，在转子坐标系中，得到其基本方程如下：

电磁转矩：

$$T_m = \frac{n_r L_m}{L_r} i_{Sq} \psi_r \tag{7.8}$$

转子磁链：

$$\psi_r = \frac{L_m}{T_r k_p + 1} i_{Sd} \tag{7.9}$$

式中，n_r 为感应电机转子极对数；L_m 为感应电机定、转子互感，单位为 H；ψ_r 为感应电机转子磁链，单位为 Wb；L_r 为感应电机转子自感常数；T_r 为感应电机转子电磁时间，单位为 s；$T_r = L_r / R_r$，R_r 为感应电机转子电阻，单位为 Ω；k_p 为微分算子。

分析上述公式可知，转子磁链 ψ_r 与定子电流励磁分量 i_{Sd} 成正比，而与定子电流转矩分量 i_{Sq} 无关。当定子电流励磁分量 i_{Sd} 突变时，由于 ψ_r 和 i_{Sd} 之间存在着惯性环节的传递函数，ψ_r 不能突变，会受到励磁惯性环节的阻碍，和直流电机励磁绕组类似。若转子磁链 ψ_r 保持不变，电磁转矩 T_m 与定子电流转矩分量 i_{Sq} 成正比，同时电磁转矩 T_m 可以没有滞后地跟随响应转矩分量 i_{Sq} 的变化。因此，交流异步电机实现了定子电流矢量中励磁分量 i_{Sd} 和转矩分量 i_{Sq} 的解耦，励磁分量 i_{Sd} 决定了转子磁链 ψ_r 的大小，转矩分量 i_{Sq} 则只对电磁转矩有影响。通过模仿直流电机中电枢与励磁电流的作用机制，可大大简化电机变频调速系统的控制。

上述交流异步电机定子电流矢量的解耦过程与永磁同步电机类似，与之不同的是，由于交流异步电机转子中不包含永磁体，一方面，其工作过程中定子绕组不会产生反电动势，因此交流异步电机调速范围更高；而另一方面，其转子磁场是通过感应定子旋转磁场产生的，转子旋转速度与定子旋转磁场速度不同，即存在转差率，因此转子磁链的位置不断发生变化，使得转子磁链不能通过速度或位置传感器直接检测得到。

矢量控制中的 PARK 变换和逆变换均需要转子磁链的位置信号，在磁链闭环控制系统中，通过转子磁链模型可以获得转子磁链的幅值和位置信号，但反馈信号受电机转子参数 L_r 和 T_r 变化的影响较大，使控制的准确性降低。因此，在实际系统中，为了防止磁链闭环控制反馈的不准确，可以采用开环控制，常用测得的电机电流、电压和转速等信号，并通过间接计算的方法获得转子磁链的位置信息。

由于转子速度可测，转子磁链的位置可由下式计算：

$$\theta = \int \omega_1 \mathrm{d}t + \theta(0) = \int (\omega + \omega_S) \mathrm{d}t + \theta(0) \qquad (7.10)$$

式中，$\theta(0)$ 由定子电流决定，若系统工作起始即采用矢量控制，则 $\theta(0) = 0$；ω_1 为定子角频率/转子磁链轴角频率，单位为 rad/s；ω 为转子角频率，单位为 rad/s；ω_S 为转差角频率，单位为 rad/s。

转差角频率：

$$\omega_S = \frac{L_m i_{Sq}}{T_r \psi_r} \qquad (7.11)$$

根据式（7.8）及式（7.11）可知，当转子磁链 ψ_r 保持不变时，转差角频率 ω_S 与电磁转矩 T_m 成正比，因此通过控制 ω_S 就可以控制 T_m，从而达到间接控制转速的目的。并且，当 ψ_r 恒定不变时 $k_p \psi_r = 0$，根据磁链方程可知 $\psi_r = L_m i_{Sd}$，代入转差角频率方程还可得到：

$$\omega_S = i_{Sq} / T_r i_{Sd} \qquad (7.12)$$

上述控制过程可称为基于转差角频率的矢量控制，利用在气隙磁通不变且转差较小的范围内，电磁转矩与转差角频率成正比的特点，通过调节转差角频率来控制电机转矩；并且磁链开环控制不需要磁链观测器，控制模型简单，无需复杂的坐标变换。采用这种控制方法还可以使调速系统消除动态过程中转矩电流的波动，在一定程度上改善了系统的静态和动态性能；同时它又具有比其他矢量控制方法简便、结构简单、控制精度高等特点，符合电动汽车驱动要求，因此广泛用于电动汽车交流异步电机的控制。

7.3 电机制动原理

不同于驱动过程，电机制动过程需要 $i_{Sq} < 0$ 的负转矩电流（以下简称负电流），根据负电流的来源，可将电机制动过程分成以下三种不同的情况。

1. 负电流来自电池直流母线

当负电流来自电池直流母线时，电机需要消耗电池输出的电能才可以制动，并不能进行制动能量回收。

2. 负电流来自电机，最终流向制动电阻

该种情况通常不会出现在新能源汽车中，但为了避免混淆，依然对这种情况进行分析。在这种情况下，电机定子产生的负电动势加在制动电阻上，产生负电流来实现制动。这种方式使得电机的动能全部转化为电阻耗散的热能，虽然实现了制动，但并不能回收电能。这种制动在很多文献中也称为"再生制动"，因为这种技术利用了电机自身的动能实现了电机的制动，省去了第一种情况下所需的电能，但这种技术一般应用在工业伺服系统中。

3. 负电流来自电机，最终流向电池

此种情况下，电机定子产生负电动势，对电池进行充电，新能源汽车电机的再

生制动正是此种方式。下面分别对永磁同步电机和交流异步电机的再生制动过程进行简单介绍。

根据上文分析,对于永磁同步电机,只有在电机转速达到恒转矩区和恒功率区交界点时,电机产生的反电动势才会大于驱动电压。所以,如果想利用反电动势对电池进行充电,只有恒功率区的能量可以被回收,这显然不能有效回收电机的动能,也与工程实际中的经验相悖。

如果把电机的三相定子绕组和三组 IGBT 拆成独立的三组电路,可拆分成三个等效的 Boost 电路。每个 Boost 电路由定子绕组的一相、IGBT 模块的一个下管、下管并联的二极管、上管并联的二极管和母线电容组成,其结构如图 7.7 所示。

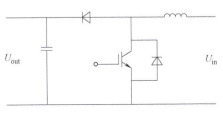

图 7.7　等效 Boost 电路

在 Boost 电路中,IGBT 可通过电压进行开关控制,其全称为绝缘栅双极型晶体管,是由双极型晶体管(BJT)和金属氧化物半导体场效晶体管(MOSFET)组成的复合开关器件。IGBT 具有极低的导通电阻,因此广泛应用在新能源汽车、电气化铁路机车等大功率驱动场合。

当 IGBT 闭合时,由于 IGBT 模块中二极管的存在,直流母线电容中的电荷不会流向定子绕组,定子绕组在反电动势的作用下产生电流,当充电过程完成后 IGBT 断开,电感中存储的电能会流入直流母线电容中,完成升压过程。三组 Boost 电路交替工作,使得电机在反电动势不足时,依然可以将能量反馈至直流母线电容中。由于母线电容与高压电池并联,所以一部分电能最终会回收到高压电池中。

Boost 电路输入输出电压的关系可以用下式表示:

$$\frac{U_{\text{out}}}{U_{\text{in}}}=\frac{1}{1-D} \tag{7.13}$$

式中,U_{out} 为输出电压,单位为 V;U_{in} 为输入电压,单位为 V;D 为 IGBT 开启的占空比。

仅从数学的角度分析,Boost 电路的输出电压始终大于输入电压,且当 D 无限趋近于 1 时,输出电压可以无限大;或者说输入电压可以无限小,也就意味着当转速接近 0 时,电机依然可以回收能量。

但在实际工作过程中,D 的增大意味着定子绕组的等效电感充电时间增加、放电时间缩短,但放电时间不可能无限小,无限小的放电时间意味着不能有效为电池充电。

也有文献指出,由于电感和电容存在寄生电阻,当占空比过大时,基于理想情况推导出的式（7.13）不再适用，实际的输出电压反而会降低，这也是不允许出现的情况[4]。

为了保证 Boost 电路可以有效升压并为动力蓄电池充电，定子的反电动势不能过小，一定大小的反电动势可以保证电感充电的时间足够短，也就可以为放电过程留出足够的时间。因此，电机在低转速时无法回收能量，电机转矩应逐渐退出。

对于交流异步电机，当其工作于驱动状态时，转矩电流和励磁电流同号（通常励磁电流定为正）；当进行再生制动时，目标电机转矩为负，则转差角频率 ω_S 为负，此时定子频率低于转子频率，产生负的转矩电流，电机处于发电状态。

在电机进行制动时，需要一定能量来维持其内部的磁场，使电机转子能够旋转并且切割磁力线，对于永磁同步电机，其转子为永磁体材质，因此不需要额外励磁；而对于交流异步电机，进行再生制动时需要额外励磁，其励磁所需无功功率一般由电机控制器的母线支撑电容提供。制动过程中，电机定子绕组切割转子旋转磁场产生感应电动势，定子绕组在感应电动势作用下产生感应电流，当产生感应电动势高于供电侧电压时，电能直接回馈至供电侧；当产生感应电动势低于供电侧电压时，同样利用上述等效 Boost 升压电路，由于流经电感电流不会发生突变，会强制电感两端电压升高，使得电机产生电动势比供电侧电压高，电能便可以回馈至供电侧。

7.4 电机制动控制算法

常用电机控制方法有转矩控制、转速控制和位置控制法。对于车用永磁同步电机及交流异步电机通常采用转矩控制方法，因此本书对转矩矢量控制的实现进行简单的探讨。

对于永磁同步电机，其电机制动控制原理如图 7.8 所示。设定电机的目标输出转矩后，根据当前电机转速，可以计算出目标励磁电流 i_{Sd_ref} 与转矩电流 i_{Sq_ref}。同时通过电流传感器采集的定子三相电流 i_{SA}、i_{SB}、i_{SC}，经过 Clark 和 Park 变换，得到同步两相旋转坐标系上实际励磁电流 i_{Sd} 与转矩电流分量 i_{Sq}。两项差值经电压电流变换模块可以得到两相旋转坐标系上的励磁电压 U_{Sd} 和转矩电压 U_{Sq}，该变换模块通常为 PI 控制。再通过 PARK 逆变换，U_{Sd} 和 U_{Sq} 转化为与逆变器输出的电压空间矢量具有相同坐标系的电压分量 $U_{S\alpha}$ 和 $U_{S\beta}$，上述 PARK 变换和 PARK 逆变换所需的转子位置直接由专用的转速转角解码器得到，以实现磁场定向。最后将 PARK 逆变换输出的期望电压矢量输入至 SVPWM 模块，产生逆变器开关导通状态的六路 PWM 波形，通过逆变器的变频控制，达到电机调速的目的[5]。

对于交流异步电机，其电机制动控制原理如图 7.9 所示。可以看出其控制原理与永磁同步电机基本一致，不同点主要在于上文所述交流异步电机存在转差率，转

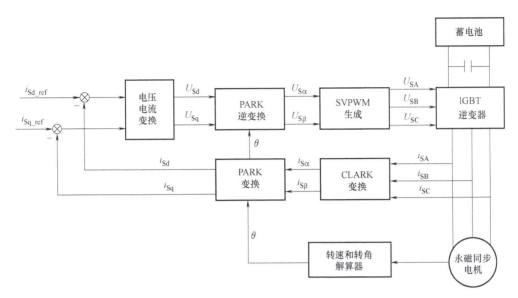

图 7.8 永磁同步电机制动控制原理

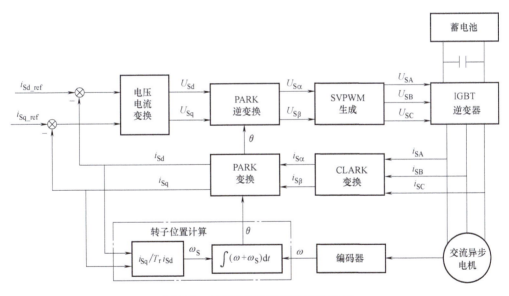

图 7.9 交流异步电机制动控制原理

子位置不能直接测量得到，因此需要图中所示的转子位置计算部分。其原理参照上文关于交流异步电机的转差角频率矢量控制。

根据上述分析，无论是永磁同步电机还是交流异步电机，其电机控制算法都很复杂，同时控制过程中还会涉及高压电及大功率开关器件的驱动和控制，存在安全隐患。为了减小控制难度，同时改善安全性，新能源汽车通常会配备集成高压开关器件和电机矢量控制算法的电机驱动器，使用过程中只需向电机驱动器发送转矩指令，便能实现对电机转矩的控制。

对于不同类型的电机，所配套的电机驱动器不尽相同，但大体结构一致，为帮助读者理解，本书针对某一典型电机驱动器的结构和原理进行介绍，其结构如图 7.10 所示，主要可分为低压控制电路和高压驱动电路两部分。低压控制部分主要包括微控制器及外围电路、通信接口电路、功率器件驱动电路、电流检测电路、电压检测电路、旋转变压器接口电路；高压驱动电路部分主要包括直流母线电容和 IGBT 门阵列。

低压控制电路中的微控制器用来运行电机控制算法，可根据各种反馈信号产生 IGBT 的驱动信号。功率器件驱动电路根据 IGBT 驱动信号输出特定的驱动电压，驱动 IGBT 进行工作。电流检测电路可检测每相定子的电流，通常采用霍尔式电流传感器或分流器（shunt）进行检测，电流信号用于电机驱动器计算实际的 i_{Sd} 和 i_{Sq}。电压检测电路用来检测直流母线电压，为电机控制算法提供电压参考。旋转变压器接口电路可驱动旋转变压器并解析旋转变压器的信号。旋转变压器又简称旋变，是一种磁电式转角传感器，可实现角位移和角速度的测量，旋变接口电路可将旋变测量的转子转速及转角反馈回微控制器，为电机控制算法提供转速和转角信号。

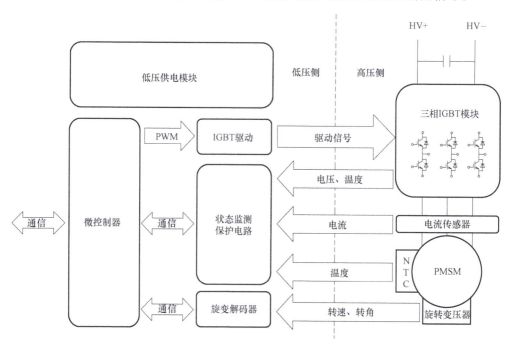

图 7.10　电机驱动器结构示意图

图 7.11 所示是简化后的电机高压驱动电路，图中包括 6 个 IGBT、直流母线电容以及与直流母线电容相连的高压电池（高压电池本身并不是电机驱动器的一部分）。电机驱动器的 6 个 IGBT 被分为 3 组，每组对应电机定子的一相，分别控制

电机定子对电源正负极的通断。电机控制算法通过调整每一相高低边 IGBT 开关的时长，可以调整每一相定子上电压的幅值，最终合成旋转的定子电压矢量，从而产生旋转的定子磁场，实现电机的矢量控制。

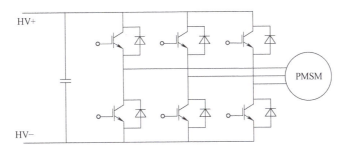

图 7.11　简化后的电机高压驱动电路

参 考 文 献

［1］彭海涛，何志伟，余海阔. 电动汽车用永磁同步电机的发展分析［J］. 微电机，2010，43（6）：78-81.

［2］白钧生，冯浩，白新力，等. Clarke 变换中系数榡（2/3）~（1/2）的推导［J］. 微电机，2012，45（7）：79-81.

［3］朱其新，张正，杨辉，等. 基于无传感器的 PMSM 电流控制策略的研究［J］. 控制工程，2014，21（04）：547-553+558.

［4］欧阳超，王明彦. 高升压比 DC-DC 升压电路的比较与应用研究［C］//第十四届全国电气自动化与电控系统学术年会论文集.［出版地不详：出版者不详］，2009.

［5］李刚，林明兰，何军辉. 基于 DSP 的 SVPWM 波实时生成方法［J］. 现代电子技术，2001（7）：73-75.

第8章

制动能量回收技术测试评价方法

制动能量回收系统实施效果的测试与评价是系统开发过程中的重要环节。本章从试验平台的搭建与测试评价案例两个方面对制动能量回收系统的测试评价方法进行阐述,其中试验平台包括硬件在环试验平台与实车试验平台,测试评价案例包括节能性测试、制动感觉测试和制动性能测试。

8.1 试验平台

硬件在环与实车试验是验证制动能量回收系统软硬件方案的有效手段。在制动能量回收系统开发初期,由于没有稳定的控制器,硬件在环与实车试验平台通常基于快速控制原型技术搭建。本节对制动能量回收系统的硬件在环与实车实验平台进行详细介绍。

8.1.1 硬件在环试验平台

制动能量回收系统硬件在环仿真是一种半实物仿真系统,其部分系统部件用高速运行的实时仿真模型来代替,并与控制算法一同以代码的形式集成于快速控制原型中,另一部分系统部件则为硬件实物,二者相连构成了硬件在环仿真系统。

硬件在环仿真用于制动能量回收系统的开发,能够对制动能量回收系统的软硬件进行测试和评估,具有开发周期短、成本低和效率高等优点。现阶段,硬件在环仿真已成为汽车控制系统的重要开发手段,为解决汽车控制系统的设计、试验、性能优化等各方面问题提供了一种崭新的仿真分析技术,同时也为汽车控制技术快速、经济、高效的发展提供了强大的支撑平台。硬件在环仿真可以模拟现实中汽车的各种运行工况来替代工程试验工作,还可以对在工程试验中不可能出现的危险和极端工况提供模拟试验,因此,在各种汽车控制系统的开发过程中,硬件在环仿真都得到了广泛的应用,取得了很好的使用效果。硬件在环仿真试验虽然还不可能完全代替实车试验,但对于高效、低成本地进行车辆电子系统的开发和研制起到相当重要的作用。

图 8.1 所示为制动能量回收系统硬件在环仿真方案的示意图,该方案包括仿真控制系统和液压制动系统两部分,其中液压制动系统由传感器和被测制动系统执行部件组成,仿真控制系统由主机、快速控制原型、I/O 接口和功率驱动电路组成。进行硬件在环仿真试验时,利用主机建立车辆动力学模型、电机电池模型和控制算法模型,然后将模型编译成可实时运行的代码。主机通过 TCP/IP 网线将实时代码下载到快速控制原型,快速控制原型具有实时内核,可以实时运行主机生成的代码,并通过 I/O 接口进行传感器信号的采集及控制信号的输出,最后输出信号通过驱动电路对液压执行部件的电控模块进行驱动。

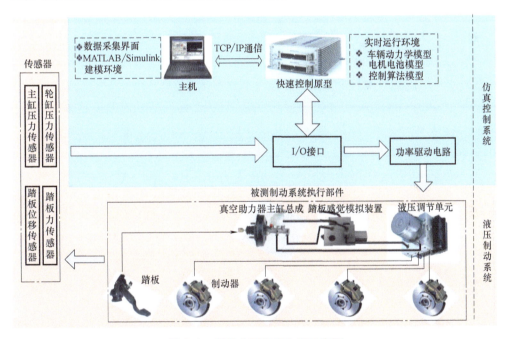

图 8.1 硬件在环仿真方案示意图

关于液压制动系统各传感器和执行部件的工作原理,在上文中已有详细介绍,此处不做赘述。下面对仿真控制系统的软硬件及工作流程进行介绍。

8.1.1.1 仿真控制系统硬件介绍

目前市场上的仿真控制系统有 dSPACE 实时仿真系统、Speedgoat 实时仿真系统、MATLAB/xPC Target 实时仿真系统等,这些仿真系统的功能原理类似,硬件均包含主机、快速控制原型、I/O 接口和驱动电路四部分。下面以其中应用最广泛的 dSPACE 实时仿真系统和 MATLAB/xPC Target 实时仿真系统为例,对其硬件组成做详细介绍。

1. 主机

主机是控制器软件开发的平台载体，可以运行 MATLAB/Simulink，通过在 MATLAB/Simulink 环境下搭建车辆动力学模型、电机电池模型和控制算法模型，并定义控制器的外围接口，可使用编译工具将模型编译生成目标代码及代码解释文件。主机通过 TCP/IP 协议把目标代码下载到快速控制原型中，实时运行，同时实时监控系统运行状态。

2. 快速控制原型与 I/O 接口

dSPACE 实时仿真系统有多款快速控制原型产品，其中 MicroAutoBox 由于体积小、接口丰富、性能强大，目前广泛应用于制动能量回收系统硬件在环仿真与实车试验中。MicroAutoBox 实物如图 8.2 所示，当进行硬件在环仿真试验时，MicroAutoBox 一方面利用内置的 I/O 接口进行传感器信号的采集及控制信号的输出，另一方面通过网线把采集信号及内部控制状态上传回主机。

图 8.2　MicroAutoBox 实物

目前 MicroAutoBox 有多种配置版本，不同版本分别配备不同的 I/O 功能，除了标准 I/O 外，某些配置版本还带有 FPGA 功能，用以满足特定应用的 I/O 扩展及用户可编程的 FPGA 应用。此外，某些配置版本配备的接口可以满足所有主流汽车总线系统的需要，包括 CAN、CANFD、LIN、FlexRay 和以太网。所有这些标准配置版本均可集成嵌入式 PC，使用其他基于 Windows 或 Linux 的应用程序。

相比 dSPACE 实时仿真系统，MATLAB/xPC Target 的快速控制原型更加灵活，其可以是 PC，也可以是工业计算机。由于制动能量回收系统试验条件较为复杂，通常选择抗干扰能力更强的工控机作为快速控制原型。此外，工控机本身并不具有传感器信号采集与控制信号输出功能，因此需要配备额外的 I/O 板卡。

3. 驱动电路

对于电磁阀、电机液压泵等执行部件的驱动，dSPACE 实时仿真系统有成熟的功率驱动产品 RapidPro。图 8.3 所示为 RapidPro 实物，其可提供用于驱动执行器的大电流信号，在载板上提供了 6 个功率放大单元，每个功率放大单元最多支持 48 路功率驱动通道，整个 RapidPro 可以通过远程控制输入由 dSPACE 快速原型来开启和关闭。

图 8.3　RapidPro 实物

相比 dSPACE 实时仿真系统，MATLAB/xPC Target 没有配套的功率驱动产品，必须自主设计驱动电路。制动能量回收系统输出的控制执行部件动作的数字信号为 TTL 电平信号，最高只有 5V，而驱动电磁阀、液压泵等执行部件动作的最低电压为 12V，所以需要驱动功率放大电路。

根据第 3 章对执行部件的描述，制动系统需要驱动的执行部件有电磁阀、液压泵电机、助力电机和副主缸电机，其中助力电机和副主缸电机为无刷直流电机，直接由电机驱动器进行功率驱动，因此无须对其驱动电路进行设计。而对于电磁阀和液压泵电机的驱动，根据其工作机理，可将电磁阀和液压泵电机的驱动信号分为以下两类。

1）数字信号：被控对象仅需开启和关闭两个状态，利用开关控制方法，驱动其达到目标状态。此类部件主要为开关阀。

2）模拟信号：被控对象具备连续变化的状态，需要施以连续变化的电流或者电压驱动。此类执行部件包括线性阀和液压泵电机。

对于开关电磁阀，根据其设计功能，需要驱动控制电路具有功率放大和开关通断的功能。由于电磁阀的线圈为感性负载，在线圈开路瞬间会产生极大的感应电动势，因此驱动电路还需要设计过电压保护。根据上述分析，参考现有产品中的成熟方案，设计开关电磁阀驱动电路如图 8.4 所示。

对于线性电磁阀，根据其设计功能，需要驱动控制电路具有调节线圈电流大小的功能。线圈中电流变化时

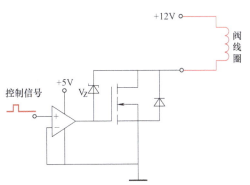

图 8.4　开关电磁阀的驱动电路

产生感应电动势，阻碍电流变化。因此选用可变占空比的高频 PWM 控制和二极管续流的方式，实现对线圈电流的控制，将 ON/OFF 数字信号转换成线圈中连续变化的电流信号，从而使得控制芯片利用数字输出接口实现模拟量控制的效果。根据上述分析，参考现有产品中的成熟方案，设计线性电磁阀驱动电路如图 8.5 所示。

电磁阀驱动选用低边控制的形式，MOS 管在电路中可以等效为很小的电阻，由于电路中电流最大值不超过 3A，电压降非常小，对电流控制的影响微乎其微。而且对于低边控制而言，所有的电磁阀线圈驱动电路可以共高，方便布置一个安全开关控制全部电磁阀线圈的上电。MOS 即图 8.5 中 Vz 左边的部分，常称为场效应管，常用于放大电路中；同时其电阻很小，电流也很小，因而对电流影响小。

对于液压泵电机的驱动，直流电机单方向运转，需要进行调速控制，因此选用

场效应管实现低频率的 PWM 调速。参考现有产品中的成熟方案，设计液压泵电机驱动的控制电路如图 8.6 所示。

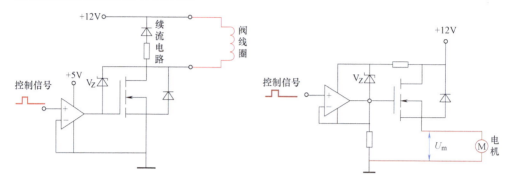

图 8.5　线性电磁阀的驱动电路　　　　图 8.6　液压泵电机驱动的控制电路

感应电动势与电机转速成正比。在控制信号为低电平时，通过测量电机的端电压（感应电动势），可以估测电机的转速。

8.1.1.2　仿真控制系统软件介绍

仿真控制系统软件包括 MATLAB/Simulink、Real-time Workshop（RTW）软件和综合实验与测试环境。

1. **MATLAB/Simulink**

MATLAB/Simulink 是汽车开发中常用的模块化建模工具，制动能量回收系统离线仿真以及硬件在环试验所需要的仿真模型需在 Simulink 环境下建立。

2. **Real-time Workshop（RTW）软件**

RTW 是 MATLAB 图形建模和 Simulink 仿真环境的重要补充模块，它基于 Simulink 代码自动生成环境，可直接从 Simulink 模型中产生优化的、可移植的个性化代码，并根据目标配置自动生成多种环境下的程序。

3. **综合实验与测试环境**

当用户使用 Simulink 完成建模并通过 RTW 产生可执行的目标代码及系统描述文件后，就可以将实时代码的下载、信号监视及参数调整任务交由综合实验与测试环境来完成。

dSPACE 实时仿真系统和 xPC Target 实时仿真系统具有不同的综合实验与测试环境，分别为 ControlDesk 软件和 Simulink-Realtime 软件，两种软件均具有以下功能。

（1）对实时硬件的图形化管理

ControlDesk 和 Simulink-Realtime 可以方便地对硬件进行管理，并利用 Windows 拖放方式方便地完成目标程序的下载，用 START 和 STOP 来控制实时程序的启动和停止。

（2）用户虚拟仪表的建立

用户可以从仪表库中采用拖放方式建立所需的虚拟仪表，通过建立的虚拟仪表与实时程序进行动态数据交换、跟踪实时曲线、完成在线修改参数，并能记录实时数据，实现实时数据回放等。

（3）变量的可视化管理

ControlDesk 和 Simulink-Realtime 可以以图形方式访问试验中的变量，通过拖放操作在变量和虚拟仪表之间建立联系，除了访问一般变量外，还可以访问诸如采样时间、程序执行时间等其他与实时操作相关的变量。

8.1.1.3 仿真控制系统工作流程

尽管 dSPACE 和 xPCTarget 为两套不同的实时仿真系统，但二者在进行硬件在环试验时，软件工作流程基本一致。以 dSPACE 实时仿真系统为例，其软件工作流程如图 8.7 所示，具体可分为以下几个步骤。

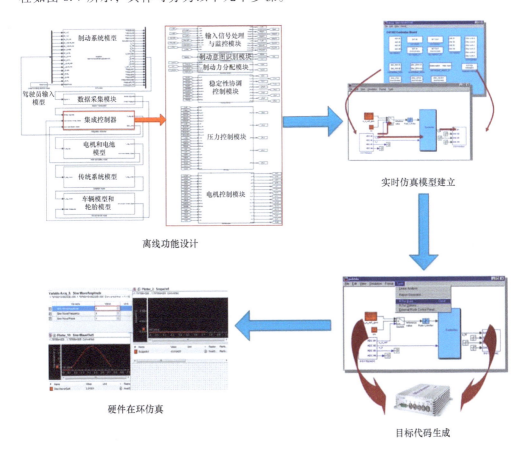

图 8.7 仿真控制系统工作流程

1. 离线功能设计

根据制动能量回收系统的功能要求，在 MATLAB/Simulink 下进行图形化建模，建立控制器模型、车辆动力学模型、电机电池模型和制动系统模型，并进行离线仿真，如图 8.8 所示。开发符合制动能量回收系统功能要求的仿真模型，这一过程也称为模型在回路（Model in the Loop，MIL）。

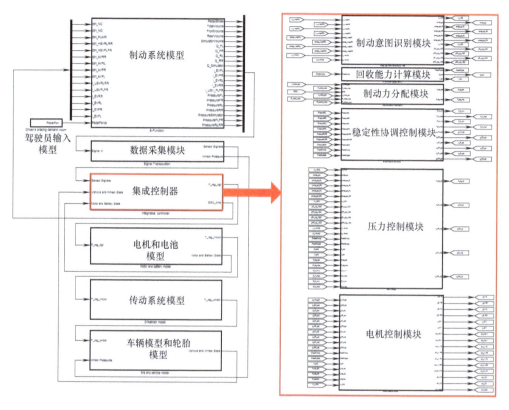

图 8.8　Simulink 控制器、被控对象模型

2. 实时仿真模型建立

用被控对象实物取代被控对象模型。由于实物硬件为液压制动系统，因此需要移除离线仿真模型中的制动系统模型，并将实物硬件与控制器模型以系统接口相连（图 8.9）。

3. 目标代码生成

通过 MATLAB 的 RTW 生成实时代码并下载到 dSPACE 原型系统中（图 8.10）；该过程可针对特定 ECU 进行代码优化。生成代码的运行效率不低于手工代码的 10%，内存占用量不超过手工代码的 10%。

4. 硬件在环仿真（HILS）

仿真控制系统与液压制动系统硬件连接完成后，通过 ControlDesk 软件读取目标代码，进行硬件在环试验。ControlDesk 软件可进行信号采集、参数标定与调试（图 8.11）、执行部件控制等任务。

第8章 制动能量回收技术测试评价方法

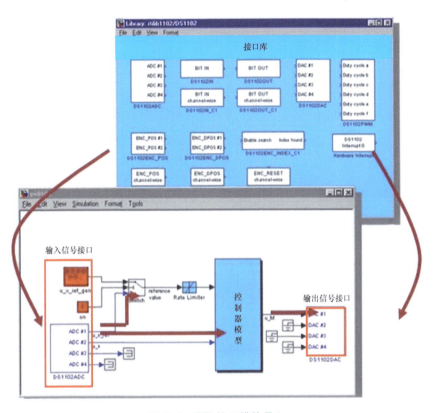

图 8.9 RTI 接口模块导入

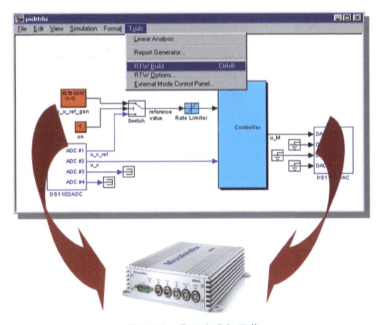

图 8.10 代码生成与下载

新能源汽车制动能量回收技术

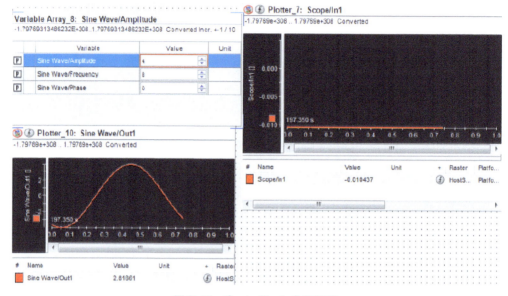

图 8.11 ControlDesk 参数调试

8.1.2 实车试验平台

进行硬件在环试验可以方便地对液压制动系统软硬件性能进行针对性的实验，可以大幅度地缩短控制算法的开发时间，但是由于硬件在环试验中的电机电池是模型搭建的，测试工况属于理想工况，所以进行实车试验是有必要的。

制动能量回收系统实车试验所用的实车应具备符合性能要求的电机电池，此外还应将原先实车上的传统液压制动系统进行改装，将目标液压制动系统安装到实车上。以本书所述单轴解耦构型 A 为例，实车试验时为了实现制动能量回收功能，需要进行包括加装压力传感器、踏板位移传感器、更换制动管路形式等一系列改装。制动系统改装后的硬件连接如图 8.12 所示，制动管路型式为 II 型，主缸前腔连接踏板感觉模拟器后接入液压调节单元，后腔直接接入液压调节单元。液压调节单元同时连接主缸与轮缸。制动踏板处加装 1 个踏板位移传感器，主缸处加装 1 个主缸压力传感器，轮缸处加装 4 个轮缸压力传感器。

为获取整车状态信息和新增传感器信号，对可控执行部件进行控制，实现对制动能量回收系统控制算法的调试与验证，实车试验同样需要快速控制原型。以 dSPACE MircoAutoBox 为例，图 8.13 所示为整车底层控制器硬件系统拓扑架构，实车试验时，控制算法下载到 MircoAutoBox 中，MircoAutoBox 利用 CAN 网络接口与电机电池等整车底盘部件进行总线通信，利用 A/D 接口获取传感器模拟量信号，利用 RapidPro 实现对电磁阀、液压泵电机的控制，并通过 TCP/IP 与上位机进行交互，用于反馈现场设备的运行状态并响应控制需求。

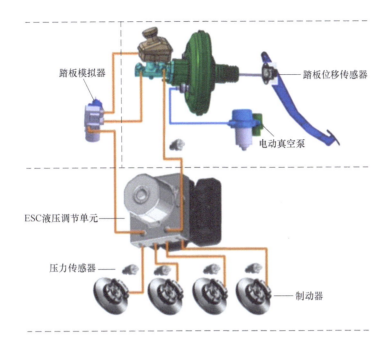

图 8.12　制动系统硬件连接

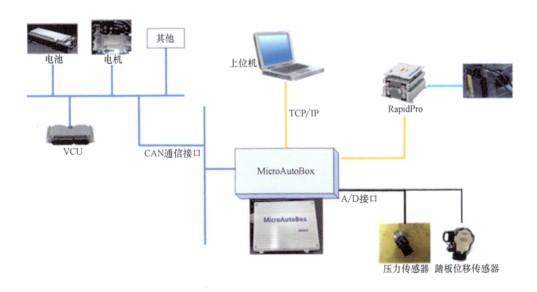

图 8.13　整车底层控制器硬件系统拓扑架构

对于实车验证方案的软硬件组成与工作流程，大体与硬件在环试验类似，因此此处不做赘述。

8.2 测试评价案例

为验证制动能量回收系统的工作性能，在完成硬件在环和实车平台搭建后，可根据评价指标确定试验项目。由第1章对评价指标的描述，制动能量回收系统需考虑节能性、制动感觉、制动性能三项指标，下面针对各评价指标介绍相应的测试评价案例。

8.2.1 节能性测试

节能性指标用于评价在特定循环工况下制动能量回收系统的节能效果，根据QC/T 1089—2017《电动汽车再生制动系统要求及试验方法》，节能性的评价指标主要有制动能量回收率和续驶里程贡献率。

1. 制动能量回收率

传统车辆在制动过程中，整车动能主要消耗在滚阻损失、风阻损失和摩擦制动热损失上，由于滚阻和风阻损失的能量是不可回收的，因此，理论上能够回收的最大制动能量为动能与滚阻、风阻损失之差，即制动系统消耗的能量。

定义制动能量回收率 η_{reg} 为某循环工况下所有制动过程电机回收的总制动能量占最大理论制动能量的比例，如下式所示。

$$\eta_{reg} = \frac{\sum_{i=1}^{n} \int_{t_{i\_1}}^{t_{i\_2}} U_{i\_bat} I_{i\_chg} dt}{\sum_{i=1}^{n} \left(\frac{1}{2} m v_{i\_0}^2 - mgf \int v dt - C_D A \rho / 2 \int v^3 dt \right)} \quad (8.1)$$

式中，循环工况共制动 n 次，在第 i 次制动中，U_{i_bat} 为电池直流端电压，单位为 V；I_{i_chg} 为电池直流端充电电流，单位为 A；v_{i_0} 为制动初始速度，单位为 m/s；t_{i_1} 为制动初始时刻，单位为 s；t_{i_2} 为制动结束时刻，单位为 s；f 为滚动阻力系数；C_D 为空气阻力系数；A 为迎风面积，单位为 m^2；ρ 为空气密度，单位为 kg/m^3。

2. 续驶里程贡献率

制动能量回收率只能代表制动能量回收系统在制动过程的节能效果，而汽车行驶工况包括制动和驱动两个部分，为了综合反映制动能量回收系统对整车经济性的贡献，续驶里程贡献率的概念应运而生。

定义续驶里程贡献率为某循环工况下有制动能量回收时续驶里程延长量占无制动能量回收时续驶里程的比例，如式（8.2）所示。续驶里程是新能源汽车在动力蓄电池完全充电状态下，以一定的行驶工况，能够连续行驶的最大距离。

$$S_{\text{reg}} = \frac{L_{\text{reg}} - L_{\text{woreg}}}{L_{\text{woreg}}} \tag{8.2}$$

式中，S_{reg} 为续驶里程贡献率；L_{woreg} 为无制动能量回收时的续驶里程，单位为 km；L_{reg} 为有制动能量回收时的续驶里程，单位为 km。

式（8.2）还可以转化为能量的形式，如式（8.3）所示：

$$S_{\text{reg}} = \frac{E_{\text{woreg}} - E_{\text{reg}}}{E_{\text{woreg}}} = \frac{\sum_{i=1}^{n} \int_{t_{i\_1}}^{t_{i\_2}} U_{i\_\text{bat}} I_{i\_\text{chg}} \mathrm{d}t}{E_{\text{woreg}}} \tag{8.3}$$

式中，E_{woreg} 为无制动能量回收时汽车消耗的总能量，即驱动系统消耗的总能量，单位为 J；E_{reg} 为有制动能量回收时消耗的总能量，单位为 J。

根据上述分析，对于节能性的测试，通常在循环工况下进行，以装备串联制动能量回收系统的电动汽车为例，在 NEDC 循环工况下进行测试，采集车速时间历程曲线、制动转矩变化曲线、电池状态和输入输出能量曲线以及 SOC 变化曲线，测试结果如图 8.14~图 8.17 所示。

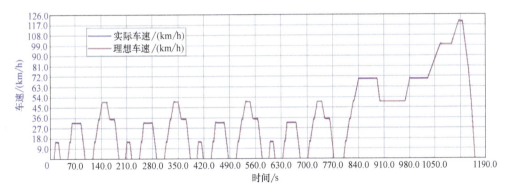

图 8.14 车速时间历程

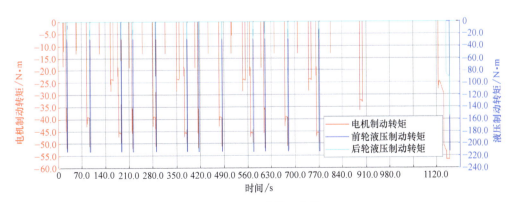

图 8.15 制动转矩变化

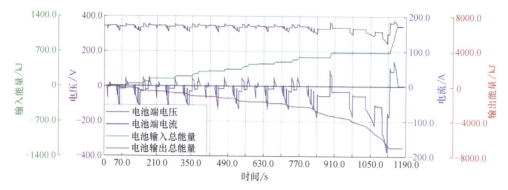

图 8.16　电池端电压、端电流、输入和输出能量变化

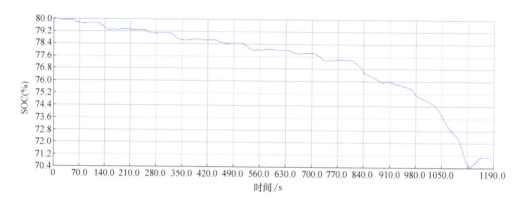

图 8.17　电池 SOC 变化

根据上述曲线计算新能源汽车的制动能量回收率和节能贡献率，并与搭载并联制动能量回收系统的同款车型对比，测试结果见表 8.1，可见串联系统相比并联系统有更好的节能效果。

表 8.1　节能性测试结果

测试项目	串联	并联
最大理论制动能量/kJ	1693	1693
电机回收总能量/kJ	1204	630
无能量回收时汽车消耗总能量/kJ	7056	7056
制动能量回收率(%)	71.1	37.2
续驶里程贡献率(%)	17.1	8.9

8.2.2　制动感觉测试

驾驶员的制动感觉主要来自两个方面：一是制动踏板给驾驶员脚部的反作用力

和行程，称为踏板感觉，用踏板位移和踏板力表征；二是车辆减速给驾驶员带来的身体惯性感受，称为减速感觉，用制动强度表征[1]。新能源汽车减速过程中，电机和液压制动系统共同产生制动力，其轮缸液压力对制动盘产生的反作用力与传统制动系统有较大差异。为了不影响原有的驾驶员操纵制动系统时的感觉和习惯，新能源汽车的制动感觉应尽量与传统汽车保持一致。

在评价制动能量回收系统的制动感觉时，主要通过对比传统制动系统感觉特性获取，有以下几个对比项目。

1. 踏板位移-踏板力

该性能指标属于制动感觉中的踏板感觉，在踏板速度较小（稳态）的情况下，传统制动系统踏板位移与踏板力关系曲线如图8.18所示，该过程可视为准静态过程，消除了制动系统阻尼的影响，是接近于稳态的结果。图中，A—B段主要是克服制动空行程、制动系统间隙和弹性等，踏板力变化率非常小；B—C段真空助力器开始工作，踏板力变化率适中，踏板既有力反馈感，又不觉得费力；C—D段真空助力器助力作用结束，踏板力直接推动主缸，变化率较大，踏板感觉很硬。

2. 踏板位移-制动强度

该指标从踏板位移角度反映了汽车的减速感觉，图8.19是传统汽车踏板位移与整车制动强度关系的示意图。图中，A—B段为踏板空行程阶段，整车制动强度由滑行过程的阻力产生；B—C段踏板克服空行程，开始产生制动力，制动强度随踏板位移的增加近似线性增加，该阶段的线性度越高，减速感觉越好，制动踏板的调节性能越好；C—D段制动强度达到最大，随着踏板位移的增加，主缸压力增加缓慢，且达到路面附着极限。

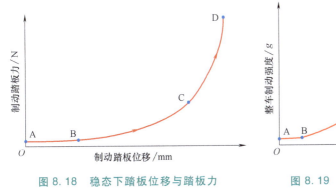

图8.18 稳态下踏板位移与踏板力关系曲线

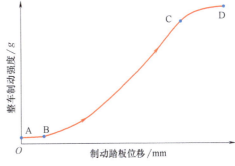

图8.19 踏板位移与整车制动强度关系曲线

3. 踏板力-制动强度

该指标从踏板力角度反映了汽车的减速感觉，图8.20所示是传统汽车踏板力与整车制动强度的关系曲线示意图。图中，A—B段为踏板空行程阶段，整车制动强度由滑行过程的阻力产生；B—C段由真空助力器助力特性中的跳跃力决定，踏板力变化不大,但真空助力器输出力出现突然的增大,产生一个较小的减速度;C—D 段为真空助力器正常助力阶段,制动强度随踏板力的增加近似线性增加,该阶段的线性度越高,制动感觉越好;D—E 段真空助力器助力作用结束,随着踏板力的增加,真空助力器输出力变化不大,制动强度逐渐达到最大,且随踏板力的变化率较小。

制动踏板位移与踏板力、踏板位移与制动强度和踏板力与制动强度这三项指标可综合反映新能源汽车的踏板感觉和减速感觉。将新能源汽车的踏板感觉特性与传统汽车进行对比,上述三项指标特性与传统汽车越接近,则制动感觉越好。

根据上述制动感觉的评价方法,制动感觉测试需要驾驶员逐渐踩踏板至最大行程,然后采集踏板位移、踏板力、整车制动强度,形成踏板位移-踏板力、踏板位移-制动强度、踏板力-制动强度曲线,并与传统制动系统的制动感觉指标进行对比。图 8.21~图 8.23 为某串联制动能量回收系统的制动感觉测试结果,可见该系统的踏板感觉与减速感觉均与传统制动系统踏板特性一致,具有较好的制动感觉。

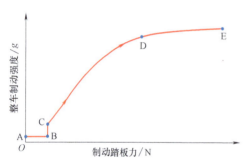

图 8.20 制动踏板力与整车制动强度关系曲线　　图 8.21 制动踏板位移与踏板力对比结果

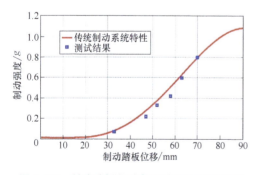
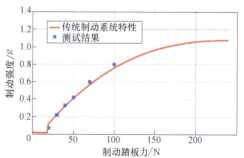

图 8.22 制动踏板位移与制动强度对比结果　　图 8.23 制动踏板力与制动强度对比结果

8.2.3 制动性能测试

针对整车制动系统的性能要求,国内外都出台了相关标准,如我国出台的 GB

21670—2008《乘用车制动系统技术要求及试验方法》、GB 12676—1999《汽车制动系统结构、性能和试验方法》和 GB 13594—2005《机动车和挂车防抱制动性能和试验方法》，美国出台的 FMVSS135《轿车制动系统》，欧盟出台的 ECE R13-H《乘用车制动系统形式批准的统一规定》等。

依据上述标准中对汽车制动性能的要求，采用制动能量回收技术后，新能源汽车的制动性能要满足以下三项技术指标。

1）新能源汽车开启制动能量回收后，电机制动力与液压制动力同时作用在车轮，此时整车制动性能应达到法规要求的制动效能指标，主要包括制动距离、充分发出的减速度、附着系数利用率、制动效能的衰退和恢复等指标。

2）新能源汽车制动能量回收时不能影响制动防抱死制动性能，主要包括高附着路面、低附着路面、对接路面和对开路面紧急制动时的整车制动距离、充分发出的减速度、附着系数利用率等指标。

3）新能源汽车制动能量回收不应对失效安全性能产生负面影响，主要包括液压管路失效情况下的应急制动性能、制动储能装置或电控系统失效情况下的剩余制动性能等。

根据上述制动性能的评价方法，新能源汽车制动能量回收系统应在常规制动、防抱死制动、失效应急制动时保持良好的制动效能，评价指标包括制动距离、充分发出的减速度、附着系数利用率等。

以防抱死制动过程的性能评价为例，选择新能源汽车初速度为 80km/h，分别在高附着路面（附着系数设为 0.8）、低附着路面（附着系数设为 0.2）和对开路面（左侧附着系数为 0.8，右侧附着系数为 0.2）下以最大减速度制动，试验结果如下。

1）高附着路面：结果如图 8.24~图 8.27 所示。

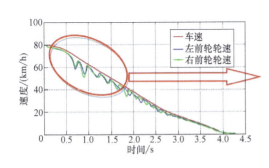

图 8.24　高附着路面车速和轮速时间历程　　图 8.25　高附着路面滑移率时间历程

2）低附着路面：结果如图 8.28~图 8.31 所示。

3）对开路面：结果如图 8.32~图 8.35 所示。

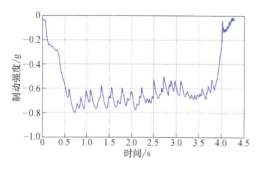

图8.26 高附着路面制动强度时间历程

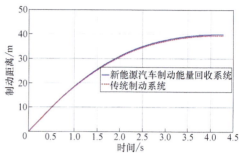

图8.27 高附着路面制动距离时间历程

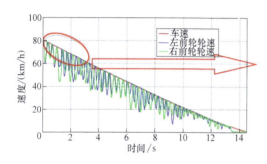

图8.28 低附着路面车速和轮速时间历程

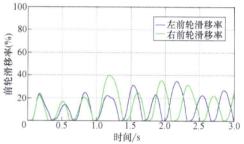

图8.29 低附着路面滑移率时间历程

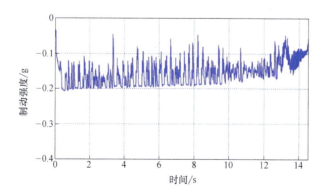

图8.30 低附着路面制动强度时间历程

第8章 制动能量回收技术测试评价方法

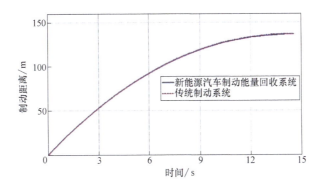

图 8.31 低附着路面制动距离时间历程

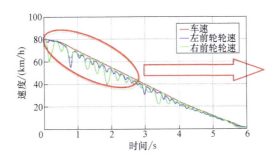

图 8.32 对开路面车速和轮速时间历程

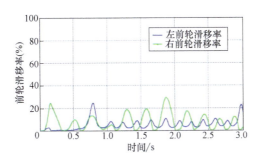

图 8.33 对开路面滑移率时间历程

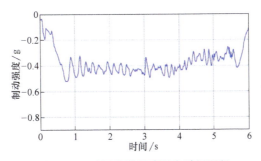

图 8.34 对开路面制动强度时间历程

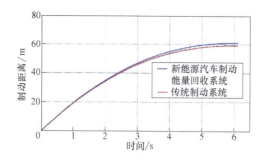

图 8.35 对开路面制动距离时间历程

根据上述测试曲线，新能源汽车在防抱死制动过程的制动性能测试结果见表 8.2，可见新能源汽车制动能量回收系统在防抱死制动时具有与传统汽车相近的制动性能表现。

表 8.2 新能源汽车与传统汽车制动性能指标对比结果

指标	类型					
	新能源汽车	传统汽车	新能源汽车	传统汽车	新能源汽车	传统汽车
路面条件	高附着路面		低附着路面		对开路面	
制动距离/m	39.9	39.5	137	136.9	60.7	59.9
平均减速度/g	0.75	0.76	0.187	0.188	0.46	0.47
附着系数利用率(%)	93.8	95	93.5	94	—	—

参 考 文 献

[1] 林志轩. 制动踏板感觉影响因素分析以及制动意图识别研究 [D]. 上海：同济大学，2007.

附录 E 缩略语表

英文缩略语	英文全称	中文名称
A/D	Analog/Digital	模拟/数字
AMT	Automated Mechanical Transmission	电控机械式自动变速器
AT	Automatic Transmission	自动变速器
BJT	Bipolar Junction Transistor	双极结型晶体管
BMS	Battery Management System	蓄电池管理系统
CAN	Controller Area Network	控制器局域网
DCT	Dual Clutch Transmission	双离合变速器
ECB	Electronically Controlled Brake	电子控制制动
ECU	Electronic Control Unit	电子控制单元
ESB	Electric Servo Brake	电子伺服制动
ESC	Electronic Stability Control	电子稳定控制
ESP	Electronic Stability Program	电子稳定程序
FPGA	Field Programmable Gate Array	现场可编程逻辑门阵列
IGBT	Insulated Gate Bipolar Transistor	绝缘栅双极型晶体管
I/O	Input/Output	输入/输出
IPB	Integrated Power Brake	集成动力制动
LIN	Local Interconnect Network	局域互联网
MOS	Metal Oxide Semiconductor	半导体金属氧化物
MIL	Model in the Loop	模型在环
NEDC	New European Driving Cycle	新欧洲驾驶循环工况
NTC	Negative Temperature Coefficient Sensor	负温度系数传感器
PC	Personal Computer	个人计算机

（续）

英文缩略语	英文全称	中文名称
PI	Proportion-Integral	比例积分
PID	Proportion-Integral-Derivative	比例积分微分
PMSM	Permanent Magnet Synchronous Motor	永磁同步电机
PWM	Pulse Width Modulation	脉冲宽度调制
RBS	Regenerative Braking System	制动能量回收系统
SVPWM	Space Vector Pulse Width Modulation	空间矢量脉冲宽度调制
TCP/IP	Transmission Control Protocol/Internet Protocol	传输控制协议/网际协议
TTL	Transistor Transistor Logic	逻辑门电路
UDDS	Urban Dynamometer Driving Schedule	城市道路循环工况
WLTC	World Light Vehicle Test Cycle	世界轻型汽车测试循环工况